高校英语慕课建设理论及应用研究

陈 珲 张秀文 朝 霞 著

 吉林出版集团股份有限公司 | 全国百佳图书出版单位

图书在版编目（CIP）数据

高校英语慕课建设理论及应用研究 / 陈珲，张秀文，朝霞著.— 长春：吉林出版集团股份有限公司，2023.4
ISBN 978-7-5731-3170-6

Ⅰ．①高… Ⅱ．①陈… ②张… ③朝… Ⅲ．①英语—教学研究—高等学校 Ⅳ．①H319.3

中国国家版本馆 CIP 数据核字（2023）第 057638 号

高校英语慕课建设理论及应用研究

GAOXIAO YINGYU MUKE JIANSHE LILUN JI YINGYONG YANJIU

著　者	陈　珲　张秀文　朝　霞
出版人	吴　强
责任编辑	刘东禹
助理编辑	李　响
装帧设计	沐　林
开　本	787mm×1092mm　1/16
印　张	8.5
字　数	160 千字
版　次	2023 年 4 月第 1 次
印　次	2023 年 8 月第 1 版印刷

出　版	吉林出版集团股份有限公司
发　行	吉林音像出版社有限责任公司
	（吉林省长春市南关区福祉大路 5788 号）
电　话	0431 - 81629679
印　刷	三河市嵩川印刷有限公司

ISBN 978-7-5731-3170-6　　　定　价　45.00 元

如发现印装质量问题，影响阅读，请与出版社联系调换。

前　言

大数据技术的深入发展引发了全球范围内深刻的技术变革,已经成为推动教育改革和创新的重要驱动力。慕课与传统课堂结合的混合教学模式,丰富和发展了英语专业翻译教学的教学理念与教学方式。慕课因其具有广普性,开放性,自主性,集约性和交互性等特征,为高校英语教学实施翻转课堂创造了条件。慕课教育模式是一种颠覆了传统机械性课堂教育模式,在世界顶尖大学之间掀起一股教学改革浪潮的新兴教学方法,其中心思想是通过充分利用互联网资源,将其他教学资源运用在自身的教学体系之中,使学生能够接受到更全面的教学。翻转课堂则是一种将课上与课下的学习内容进行对调,从而提升学生学习时间,提高学生的学习效果的教育方法。但在实施过程中难免存在一些问题,教师需关注英语课程知识图谱的构建,课堂活动的设计,诊断性测验等细节,以达到理想的教学效果。

本书对慕课的相关概念、发展历程及主要特征进行了详细全面的分析,探讨了高校英语慕课建设的必要性,建设的技术路线、优化方法,并且研究了基于慕课的翻转课堂教学设计与实践。在高校英语教学当中,通过将慕课教育模式与翻转课堂教学模式相结合,可以有效促进高校英语教学效果提升,改变传统的教学方式效率低下,学生参与度低等现状,对于高校英语教学具有重要意义:一方面,学生可以按自己的需求自主学习全国各所高校优质精品在线开放课程,特别是国家精品在线开放课程;另一方面,各高校可以开展基于大学英语慕课的翻转教学,提升教学质量。每年各省级精品开放课程数不胜数,这些课程涵盖了专业英语、专门用途英语、学术英语、跨文化交际英语等。本书内容丰富详实,理论与应用兼顾,具有较强的创新性和实践性。本书适用于英语教学工作者以及对信息技术在英语慕课与翻转课堂的应用感兴趣的广大教师、学生及科研工作者。

本书由青海民族大学陈珲、张秀文和朝霞撰写并负责本书的统筹、统稿工作,陈珲撰写了第一章、第二章、第三章和第四章(第一节、第二节、第三节)的内容,共计 10 万余字;张秀文撰写了第四章(第四节、第五节)、第五章和第六章的内容,共计 10 万余字;朝霞撰写了第七章、第八章和第九章的内容,共计 10 万余字。

在撰写本书的过程中参考了很多专家学者的宝贵研究成果,在此表示诚挚的谢意,由于作者水平有限,书中难免会有不足之处,望广大读者予以批评指正!

著　者

2022 年 10 月

目　　录

第一章　慕课概述

教育信息化是教育发展的必然选择，是"互联网＋教育"的具体实施。要更新教育观念，加快数字教育资源开发，深化信息技术与学科教学的融合，慕课则是一剂教育与技术深度融合的催化剂。过去七年，慕课的蓬勃发展给全球高等教育改革提供了新的方向，对高等教育的影响逐渐渗透到了教学理念、教学方式、学习方式和教学环境等方面。为了更好地运用慕课资源，我们有必要重新解读慕课本质与价值，从整体上认识和把握慕课背后的在线教育发展规律，深入理解 Bricks（砖块）与 Clicks（鼠标）深度融合是高等教育的未来。

第一节　初识慕课

一、慕课源起

21 世纪初，在教育信息化和全球化背景下，开放教育资源运动拉开了序幕。2001 年，国外一所学院宣布实施"开放课件"计划，面向全球用户开放该校所有课件。2002 年，联合国教科文组织进一步提出"开放教育资源"运动。该运动基于开放共享理念，公众所获取的免费数字资源可作教育学习或者科研之用，不仅减轻费用压力，而且材料新颖多样。各国高校的纷纷响应和开放课件联盟的成立加快了知识传播的步伐。然而仅有资源，学习并不会自然发生，慕课便应运而生。

慕课不仅是开放教育资源运动的发展，更是突破，从开放教育资源到慕课是从单纯的资源到课程与教学的转变。2008 年外国学者开设的 CCK08 在线课程，以博客、wiki 平台、论坛等在线渠道为媒介，以教师提供的资源为出发点，以学习者社区交互产生的内容为中心，有效地利用资源进行学习。有两位学者就这种课程模式提出"MOOC"一词（音译为"慕课"）。这种基于联通主义学习理论的课程模式也称为 cMOOC。

目前最常见的课程模式是基于行为主义学习理论的 xMOOC。2011 年秋，外国大学一位教授将"人工智能导论"课程录制成在线课，吸引了来自 190 个国家的 16 万人注册学习。这一经历促使他于 2012 年 2 月创办了 Udacity 慕课平台。之后，该大学的另外两位教授成立了 Coursera 慕课平台。同年 5 月，国外两所大学联合成立了 edX 慕课平台。2012 年也被称为"慕课元年"。xMOOC 以"人工智能导论"课程为开端，以 Coursera、edX、Udacity 等慕课平台为代表，借助模块化的课程结构和标准化的学习平台，将校园高等教育与在线教育教学模式结合起来，引发了全球高等教育领域的一场变革。

二、慕课发展

自 2012 年起，慕课数据总体呈稳定增长态势。截至 2018 年底，全球慕课注册用户数量已超过 1 亿人次，其中新增用户 2 000 万人。在课程开设方面，全球 900 多所高校开设的 11 400 余门课程中覆盖了文学、理学、工学、经济学、教育学、历史学等多学科领域的课程体系；在语言设置方面，英语和中文课程数量居多，德语、法语、意大利语、西班牙语等多国语言的课程也逐渐上线；在课程形式方面，为在校生和职场人士提供单门课程、系列课程、在线学位和职业培训课程等多种选择；在研究方面，形成了多元丰富的理论探讨，并开始探寻慕课发展之路，分析慕课模式对高等教育改革的巨大价值。

从宏观层面上，可以看出高等教育发展战略对在线教育的影响。2012 年起，世界各地的慕课平台先后上线，这背后的原因也许是对优质教育资源的追求，也可能是盲目的从众性行为。

从微观层面来说，慕课是一个不断创新的领域，促进了教学模式的变革。为适应不同的学习者需求和教学环境，除了 xMOOC 和 cMOOC 以外，近年来 SPOC、COOC、DOCC、NOOC、SPOOC、GROOC 等新的慕课类型也不断涌现，体现了慕课教学模式逐渐由单一走向多元的转变。每种慕课类型在延续慕课基本特征的同时，又从不同的视角进行探索创新，以开放在线教育为主要特征的"后慕课时代"已经到来。慕课是对传统校园教育的创新实践，不仅仅在于优秀教育资源免费共享、免费开放、名师名校效应等，而且提供了以课程为单元的互联互通的教育服务模式，缩小了服务单元，增强了学习过程的交互性。

三、慕课本质

慕课到底是什么？是对开放教育资源运动的突破？是对传统高等教育的颠覆？还是教育信息化浪潮中的一朵浪花？有一种对慕课的定义是：不同于传统在线课程，慕课可满足大规模参与者的学习需求，无入学门槛限制，对所有学习者免费开放，并提供完整的在线课程体验。无论定义如何演变，大规模、开放、在线、课程是慕课的四个基本要素，但每一个要素的内涵都在不断发展变化。

首先，慕课的大规模不仅仅是指动辄成千上万的注册人数，也指平台容量以及学习支持服务的可扩张性。在线教学具有教与学时空分离这一基本特点。随着学习人数的增多，学习参与度和教学质量难以保障。大规模与高辍学率相生相伴。而规模并非全部，针对小范围特定人群的 SPOC 和 DOCC 等课程模式上线，尝试寻求规模与质量的平衡。

其次，慕课的开放理念不完全等同于开放教育资源运动。慕课免费向公众开放，但是没有授权不可复制或重复使用课程材料，注册学习有限定周期，证书和学分的获取需要支付一定费用。很多慕课已经由最初的免费模式逐渐转变为提供增值服务的盈利模式。实际上，慕课平台的可持续发展很大程度上取决于其盈利模式。慕课平台运营商对学习者诸如视频、文本、参与论坛讨论等课程基本内容的学习提供免费服务，但是对参加测验、获取证书、获取学分及学位以及企业培训等服务项目则收取一定费用。

最后，慕课与高等教育之间的关系不是"势不两立"而是趋向融合。从在线角度来说，基于慕课的翻转课堂教学模式弥补了在线教育教与学的时空分离问题，将线上、线下的优势结合起来，实现教学效果的最优化。从课程角度来说，课程内容和类型日益多样化。在单门课程的基础上，系列课程将某一领域学科知识体系完整呈现，更好地满足了学习者的需求。此外，部分大学开始通过 Coursera 平台提供学分课以及学位课，学习结束之后，考核合格的在线学习者可以获得高校认可的学分。如果学习者完成本科/硕士专业所有课程，通过考核后则可以获得本科/硕士学位。可以说，慕课以其全球化的影响力为在线教育资格认证和被社会认可提供了更多可能。

第二节 再识慕课

一、慕课的不同

慕课在全球范围的迅速兴起，满足了信息化时代人们对知识的需求。慕课秉承着多元开放、个性化、学习共同体和即时交互等教育理念，旨在为学习者提供完整的课程体验，在一定程度上弥补了传统网络教育的不足。慕课不同于传统在线课程的关键点在于课程设计、教学方式和学习方式三个方面。

（一）课程设计：从网络资源到自主学习

传统网络课程只是借助技术将课程搬家，而学习者对资源的使用情况不得而知。慕课则另辟蹊径，不再仅仅是课程资源的堆砌呈现，而是实现了技术与教育结合的新型学习方式。慕课是教师主导下的在线教学，强调师生、生生、人机等多维交互方式，让学习者有强烈的学习参与感，在形式上，慕课按照动态教学计划实时教学，以教学短视频为核心，通过穿插测试或作业来监控学习者的知识掌握情况，也让学习者了解自己的进度，更加积极有效地投入学习，并结合交互平台构建学习共同体。

（二）教学方式：从线性灌输到对话式学习

传统网络课程的最大不足是距离感，隔着屏幕进行知识灌输。慕课所做的是开放式引导，学习者随时随地可以选择自己感兴趣的课程，并可以随时反馈自己的想法或者学习中遇到的问题，在师生对话中满足个性化学习需要。教师可借助慕课大数据和信息挖掘技术精准监控学习过程，了解学生情况，有的放矢地调整教学内容，系统地观察和预测学习行为，发现教育规律，更好地为学习者提供帮助。

（三）学习方式：从内容接收者到参与式学习

教育变革的内在结构可以概括为学习主体、学习环境和学习资源三大要素。人类的学习与学习环境是不可分离的，它不是一个被动的刺激强化反应，而是个体在情境中进行知识建构的过程。慕课不仅仅是对教育资源的开放，也是对传统学习观的深刻变革。慕课与传统在线教育学习方式不同，它是以论坛、博客等媒介来构建学习共同体，以合作方式来完成学习过程，借助同伴互评方式使学生有集体感和融入感。慕课内容的碎片化给学习者按需进行个性化学习创造了条件。慕课学习需要很强的学习能力与合作能力，要全程学完课程、完成作业、获取证书，需要很强的意志力和学习自觉性。短视频实际上更有利于进行移动学习，它也是对知识体系的凝练，是精华所在，并不一定是出于对学习者注意力长短的考虑。

二、慕课的核心理念

理念是"看法、思想、思维活动的结果"，是"理论，观念，通常指思想。有时指表象或者客观事物在人脑里留下的概括的形象"。全面认识和把握慕课的核心理念，有助于解答慕课为何而生、为何而存的前提性、基础性问题。慕课的核心理念可以概括为实现优质教育资源全球共享，助力高等教育与信息技术深度融合，驱动高等教育与学习科学的进一步发展。

首先，慕课使教育平等和个性化学习紧密相连。一方面，慕课对学习者身份不设要求，任何学习者只要有网络链接就可以注册学习，凸显了教育平等性。另一方面，慕课为个性化学习提供了可能。作为非正式学习，无论是在校生还是职场人士都可以根据自己的兴趣和需要来选择课程，也可按顺序或选择性地在课程开设期间进行课程学习。达到要求的学习者可获得课程证书，未完成的学习者也没有任何损失。所谓开卷有益，只要注册课程，开始学习就会受益，只是量上有差异而已。

其次，实现高等教育与信息技术的深度融合。慕课是信息技术与高等教育融合的突出代表。慕课平台作为新兴技术主体，发挥着连接高校、学习者和企业的桥梁作用，改变了教师与学生之间的二元生态格局。慕课能让高校共享优质教育资源，更好地践行大学的社会责任。

最后，慕课让我们重新思考教育：人是如何学习的，以及如何用技术促进学习，这也正是学习科学的研究内容。信息技术时代，学生需要的是深层知识而非表层知识。传统的说教式授课方式需要变革，以学习者为中心，让学习者成为学习过程的主导者，而教师转变为支持者和引导者。慕课技术能大范围提高校园教学水平，促使教师采用翻转课堂等新的教学方式，帮助高校利用慕课大数据开展教育教学改革，从而促进高等教育事业的发展。教育实践的发展是一个非常缓慢的过程，慕课等教育形式虽然有所创新，但是其知识传递模式仍是学生被动接受，目前，慕课还只是在技术的包装下重复传统的学习过程，故慕课还有很长的路要走。

第三节　慕课建设

有学者认为教学活动七要素包括学生、目的、内容、方法、环境、反馈和教师。慕课教学同样涵盖这些要素，但慕课教学与传统教学活动有何不同？如何设计一门好的慕课？

一、理论基础

慕课主要包括基于联通主义学习理论的 cMOOC 和基于行为主义学习理论的 xMOOC 两种模式。cMOOC 以交互为核心，侧重知识创造和社会网络学习。xMOOC 基于"掌握学习"理论，侧重知识传播和复制，更适合结构化的知识学习。从慕课设计的角度来说，可视化理论是慕课设计的最佳指导。可视化理论认为："最为重要的是教学过程对学生是可视的，学习过程对教师是可视的。学生越是向教师转变，教师越是向学生转变，学习就会越成功。让学习可视化，让学生可以看到课程结构，可以通过这些结构追踪学生的进步是庆祝学生学习成功的方式之一。另外一个就是要帮助学生确定学习目标，并对学生向这些目标迈进的过程给予奖励"。慕课把课堂搬上了网络，物理课堂发生的一切全部在线实现。教师的教是可视的，学生可以看到教师的每一个"教"的环节，而教师可以看到学生的每一个"学"的环节。慕课需要极强的学习意志力，教师要及时鼓励学生的每一点进步，学生也可以通过可视化的学习过程进行自我激励。教师的教和学生的学全部被展示在慕课平台上。有效的慕课设计原则应该从以下几个方面入手：（1）可视化的学习和目标设计；（2）荣誉和回报；（3）合作学习；（4）评论和反馈；（5）形成性评估和掌握学习理论；（6）授权教育者。其中第六条是指要给教育者足够的待遇和权利，使其热心建设慕课教学。慕课绝非普通在线课程的人数升级那么简单，学习背景不同、学生水平参差不齐、学习目的不同、学习设备不同。有学者用微教学理论视角来解释其随时随地可进行的、碎片化但又互相联系的知识单元和学习活动，近年来也有研究借助其他教学理论探索不同的教学模式，从学习科学理论视角分析运用慕课开展混合式教学来促进学生学习；通过情境认知理论能借助慕课环境把将要教授的内容情景化于真实应用。

二、教学内容

教学目标是教学活动必不可少的要素，主要凭借教学内容来完成。教学内容是指在知识、能力、思想与情感等方面内容组织的结构或体系。课程目标和内容是进行教学活动的前提。为了便于大规模应用，慕课的通常做法是依循传统课堂教学内容或是将课程内容浅显化，这样很难满足多样化的学习需要。但是，反过来说，正因为学习者需求的多样性才催生了如火如荼的课程建设。因此，要精细化设计一门优质课程，不仅要制作视频和文本材料，诸如精选话题、组建团队、设计课程结构、搭建交流渠道等前期工作也十分重要。在教学内容上，xMOOC 在教学内容上以视频为主体，配之以阅读材料和作业，而 cMOOC 则以文献阅读和论坛讨论交流为主，视频为辅。

三、教学方法

教学方法的选择与应用需要一定的教学环境支撑。xMOOC 的教学方法其实和传统课堂教学差异不大，或者说就是将传统课堂搬到了网上，实现课堂搬家，传统课堂教学所有要素在慕课中都能够得到体现。xMOOC 主要采用视频讲授和作业练习完成知识传播。教师定时和不定时的课程公告、通过邮件通知学生最新的教学安排和内容、慕课限时提交作业及对作业进行同伴互评等都使学习者感觉到慕课主讲教师的"教"实实在在发生。此外，论坛更是目前慕课教学中使用最多的交互工具，支持师生之间与学生之间的深度交互。但大多数学生只是扮演潜水者角色，而且交互程度往往受制于师生比例和教师工作时间等因素。在线教学除依赖视频以外，可以采用设计真实学习活动的方法，如项目式教学、创设故事情境、实用案例教学、认知学徒制和联系真实实践的反思活动等。

四、学习评价

学习评价是依据学习目标，对学习内容、学习进展情况、学习结果进行观察、记录、测量，对学习效果做出鉴定和价值判断，并对学习目标进行反思和修订的活动。部分学者将 xMOOC 的评价方式归纳为嵌入式问题、家庭作业、单元测试、周测试、期中考试、期末考试、论坛参与情况、视频观看情况等。xMOOC 的评价方式在沿用传统教学评价的基础上进行了创新。

（一）评价方式

慕课教学评价主要有系统自动测评、教师评判和同伴互评三种。测试题主要包括主观题（案例分析、项目设计、实验测试、论文等）和客观题（选择、判断等）两大类。客观题由系统直接打分，结果反馈快捷。主观题由教师评判的情况并不常见，一般是学习评价支持系统不够完善时才选用其他平台或者聘请助教进行批改。同伴互评是指学习者按照评估规则评价其他同学的作品。有学者认为学习者不具备评价同伴的能力，也有研究认为同伴互评与慕课的高辍学率有关。即使引发争议，同伴互评仍是慕课的核心元素，不仅促进学习交互，也是解决慕课主讲教师无力批改所有学习者作业的最佳途径。但同伴互评需要全部学习者的参与，同伴互评要科学设计，使互评成为学习的过程，通过互评提高自己对已学知识的高级应用能力，但要避免任务过重。

（二）评价结果

测评结果是按照课程的评分规则，根据学习者在慕课学习过程中各个环节取得的成绩按照比例核算出最终成绩。测评结果一般由形成性评估和终结性评估构成。在慕课的形成性评估中，学习者可以在规定期限和限定的次数内多次参加测试（由课程负责人视情况设定具体答题次数）并将最高成绩计为最终成绩。各项考核内容总成绩达到课程学习要求的参与者可以获得数字徽章、课程证书或者是学分等奖励。这些结果是对学习者慕课学习成果的认可，也是激励学习者积极参与慕课学习的最佳途径。

（三）评价功能

学习评价具有学情诊断、反馈调节、激励和学习导向等功能。慕课学习评价是慕课区别于以往资源共享课、视频公开课和精品课程的核心要素之一。慕课一般均具有多维评价方案，是对学习者知识掌握情况的考察，是对学习结果的自我检测。慕课对学习者没有门槛要求，故评价主体具有多元化特点，重视被评价者在评价中的地位和作用。慕课学习者的学习目的完全不同，好的慕课的评价标准应该具备多元化，更多关注学生的个体差异，可对不同的学习者给予不同的评价报告。慕课向来重视过程评价，关注慕课学习者学习过程，慕课评价方法多元化，可采用量化评价与质性评价相结合的方式。不论对学生还是对教师来说，最好的评价都不是只给一个抽象的分数，而是能对学习者进行一个全面而深刻的总结性、指导性评价，并立即进行反馈调节。如果慕课平台开发者和运营者能够按需开发出一个学习评估报告，而非只是一个分数，慕课的发展将会更加健康。

五、参与者角色

（一）教师

慕课与其他在线学习环境最大的不同在于庞大的目标受众。学习的有效性很大程度上取决于教学内容的传递，也就是教师的工作质量。慕课教师在与学习者时空分离的条件下，如何保障学习效果是慕课需要解决的问题。以学习者为中心的教学理念、为学习者提供个性化学习支持的服务理念以及了解学习者特征和学习动机的需求分析是慕课教师团队协作保障教学效果的前提。

面对大量学习者，教师角色不仅仅是知识传授者，而且在不同阶段教师还承担了不同的角色任务。在准备阶段，教师团队要明确课程结构和教学目标、教学内容、测评方式、交互工具以及评分标准。课程开设期间，慕课教师需承担答疑解惑的任务，辅助学习者适应在线学习，对学习者遇到的问题给予即时反馈，并引导学习者参与学习活动。课程结束之后，慕课教师借助技术实现专业水平提升和角色转变，在教育大数据支持下采集各种教学数据并进行可视化分析，对学习过程进行监测、诊断和干预，以开展更有针对性的教学。

（二）学习者

慕课提供便利学习机会的同时，对学习者的自主学习能力以及学习毅力等提出了更高的要求。研究发现个人因素（缺乏毅力、时间有限、语言障碍）、教学因素（有效指导、教学设计、教学资源）、同伴因素（论坛活跃度、互评效果）和技术问题（导航功能、视频质量、网络问题）是辍学率居高不下的主要原因。

借助技术和大数据研究学习者特征有利于明确影响学生参与度的因素。多数研究从课程参与度的角度对学习者进行分类，或是简单的数据枚举，或是进一步的比较描述。慕课学习者普遍被界定为完成者和未完成者两类，但该分类标准无法具体解释慕课学习者的辍学原因。外国学者将学习者分为观看者、解决者、全能者、收集者和旁观者五类。我们可以看出，在学习过程中学习者所偏好的活动方式不尽相同，这也许可以从学习者对时间的偏好、感知觉通道的偏好、成就动机等方面来解释。但是，学习者的个性差异本身并无好坏，根据学习内容和学习目的制定适合自己的学习方式是有效学习的前提。

第四节　慕课价值

慕课最有价值的贡献在于让大家都开始讨论和思考教育。传统高等教育已经不能满足现代社会的学习需求，重新构建高等教育体系迫在眉睫。慕课能在很大程度上满足个性化学习需求，反映出高等教育的复杂化和数字化趋势。慕课的蓬勃发展为高等教育改革创造了机遇，慕课利用技术优势弥补了传统高校服务方式的时空限制，逐步实现了技术与教育的深度融合。

一、高等教育改革的新路径

慕课是一种融合了教学内容和学习支持服务的在线课程模式。慕课的出现为大学教学改革提供了新的路径，一种新的高等教育生态系统正在形成。对于在校生来说，慕课是跨越学校的知识宝库，是更为低廉的学费和更为灵活的学制。对于职场人士而言，慕课是提升自我资质的充电站，有利于烘托终身化学习氛围和促进学习型社会的形成。高校可以将慕课融入其教学体系当中以扩展服务能力，使其更好地满足学生对教学质量不断增长的要求。

慕课虽未像预言般彻底替代传统高等教育，却有力促进了高等教育变革。慕课是时代的产物，是互联网发达到一定程度后在线教育必然要走的路子，对高等教育的渗透性影响巨大。随着国际顶尖高校大量慕课的上线，高等教育不再局限于象牙塔内，学生的学习也不再束缚在某个高校自己的教学安排中，慕课给学生打开了一扇全新的大门。在内容上，各个国家优质师资力量多年的教学经验和教学积累通过慕课向社会迅速共享。

2019 年 4 月 9 日，在教育部高等教育司的直接指导下，由教育部高等学校教学信息化与教学方法创新指导委员会组建了"高校在线开放课程联盟联席会"（简称"联席会"），由 10 个跨地区/跨校/跨学科的联盟组织共同发起，是全国性的基于"大规模开放在线课程"的教育共同体。为了推动高校开展基于慕课的教学改革，创新教学模式，改革教学方法，提高教学质量，遴选优秀案例，带动慕课推广与应用，联席会在 2019 年开展了"基于慕课的混合式教学优秀案例"评选。

北京外国语大学发起、全国多所外语院校及具备外语优势学科的各类院校联合组建的中国高校外语慕课联盟则是专业的服务外语慕课的联盟，通过线上平台共享教育资源，共建课程体系，推动教学创新，促进教育现代化在我国高等外语教育领域的深入发展。

二、高等教育的维持性创新

慕课并不能完全取代复杂的高等教育，对平台而言，慕课是针对新学习群体开发了新的商业模式；对高校而言，慕课应该被视为一种提高机构内部教育质量、维持原有学位体系的维持性创新，也有人将慕课称之为"破坏性创新"。

Coursera 平台和国际一流高校合作提供在线学位课程。通过某些高校网络教育学院获取硕士或者本科学历并不新鲜，新鲜的是一个慕课平台可以和多个高校合作，联合多个高校，给那些完成学位课程的学生颁发学位证书。之前，还出现过一些"微硕士"学位，通过这样的平台，可以给大一学生提供学分课程，为全球所有人提供高质量的教育机会。

第五节　慕课未来

传统高校是多数人接受高等教育的选择，但是因个人资质、家庭因素或资源竞争等原因，重点高校数量有限。无论是处在高校围墙中的大学生还是寻求自我提升的职场人士，越发完善、多样的课程和学位体系使慕课为全民高等教育提供了可能。

同时，慕课也为基础教育变革提供了条件。我国在依托信息技术开展基础教育改革方面探索了多年，通过信息技术将优质教育资源输送到全国各地，特别是偏远山区。慕课这一利器，不但可以成为广大教师自我成长的工具，也可以成为学生获取优质教育资源的途径。尽管受各种条件制约，通过慕课学习对所有中小学生来说难度很大，但是对部分有条件的学生来说，慕课使他们有了更广泛的选择。

一直有学者认为类似慕课等以视频为知识传递方式的教学模式与学习科学背道而驰，学生被动地接收信息，不可能开展有效学习。但是，慕课本来就是开放的，所谓开卷有益，学习者学习课程的目的不同、学习能力不同、付出的精力不同，故收获也就不同，但是不会没有收获。如何用慕课、大数据、虚拟现实、人工智能等技术促进学习是教育信息化时代学习科学研究领域的重要内容，慕课则是这些研究的重要载体之一。

总之，慕课是开放教育资源运动的创新形式，其发展历程体现了技术与教育相互作用的复杂性和特殊性，要辩证地看待慕课在高等教育改革中所扮演的角色及其对学习科学的潜在价值。

第二章　慕课的发展历程

以 Udacity、Coursera、edX 为代表的慕课平台成立之后，迅速席卷全球。慕课热潮持续升温，世界各国都加快推动了慕课平台建设、课程建设以及教学应用。没有一个国家和区域想在这场在线教育的巨变中被甩在后面。在政府、企业、院校、教师、学习者多方面的积极参与和推动下，慕课在高等教育、职业技术教育乃至基础教育领域，在国内和国外都呈现出了一种"井喷"式的发展态势。

第一节　慕课领导者

2012 年始，慕课便得到快速发展。这一年，Coursera、edX、Udacity 相继成立。作为目前该领域的开辟者和领导者，被喻为慕课领域的"三座大山"。三个平台在课程运营、院校合作、商业模式等方面具有不同的特色和各自的优势，并为其他追随者不断地学习和模仿。

一、Coursera

（一）背景

Coursera 由斯坦福大学教授于 2012 年 3 月创办。它是一个营利性平台，截至 2013 年 11 月，Coursera 四轮融资总共已获资金总额为 8 500 万美元。

Coursera 成立后，积极开展与全球知名高校的合作。截至 2014 年 3 月，已有 108 所大学加入 Coursera，包括超过 25 个学科的 600 余门课程，授课语言包括英语、西班牙语、汉语、德语等 13 种语言，注册学习人数超过 500 万人。

（二）平台特色

学习者可以在 Coursera 选择课程，注册后开始学习。网站提供的主要课程模块有课程安排、阅读、作业、小测试、考试、调查、视频、论坛、课下见面会、Wiki 等。

在课程的互动上，除了通过在线论坛和学习小组进行课程互动，还组织线下见面会开展学习者之间面对面的交流。

在评估方面，提供在线测验、作业与习题。Coursera 还设计了更有特色的学习者互评系统，通过培训学习者使用评分规则来批改和评定同学的作业，使学习者获取课程反馈，同时也在互评过程中获取学习经验。

学习者完成课程后，可以获取任课教师签发的"课程证书"，2013 年 1 月，Coursera 还推出了付费的签名认证证书项目，将课程完成情况与学习者的个人身份结合起来，证明是学习者亲自完成了课程内容，由 Coursera 和开课学校共同担保学习者学习证书的真实性和价值。

2013 年 12 月，Coursera 推出了 iOS 版移动客户端。在客户端上，用户可以轻松实现观看上课视频、记录笔记等一系列操作，更方便使用碎片化时间进行课程学习。

2014 年 1 月，Coursera 推出了专项课程项目。专项课程提供了针对某个主题设计的一系列连贯的学习课程。首批推出 10 个专项课程，涵盖了许多热门的前沿学科领域，如数据科学、网络安全、现代音乐家、系统生物学等。许多项目课程设有独特的"毕业设计"环节，使得学生能够将项目课程中所学到的知识在实际社会场景中进行运用。大部分专业认证的总课时在 20 周以上，学生付费完成该专项中签名认证的课程，并根据完成情况获得证书。

例如，"基于安卓系统的移动云计算"专项课程就包括了"Android 手持系统的移动应用编程""面向模式的软件架构：Android 手持系统的移动应用编程""Android 系统的云服务编程"三门课程和一个毕业项目。三门课程分别由不同学校的教师授课，最后完成课程的毕业设计项目。

在传统教育环境中，学习者需要在几年的时间里修习一个专业知识体系的若干门课程。专项课程将课程进行了更灵活的组合和更细致的划分，在当前知识更新速度极快的时代具有积极的意义。

二、edX

（一）背景

2012 年 5 月，国外两所大学联合创建了非营利性慕课服务机构 edX，edX 共开设了 163 门课程，覆盖了 25 个学科。

edX 的建设目标是通过 edX 平台建立一个庞大的全球性在线学习平台。除了提供在线课程外，这两所大学将使用该平台对教学方法与技术展开研究，探索线上、线下混合教学模式、教育效果评价、教学法、远程教育效果和学业管理等方面。有学者指出："edX 是提升校园质量的一项挑战，利用网络实现教育，将为全球数百万希望得到学习机会的人们提供崭新的教育途径。"

（二）平台特色

edX 在战略上推动建立 x 联盟，x 联盟成员均为全球顶尖大学，当前包括了来自欧洲、亚洲等地的 34 所高校，每个高校以"学校名称 + X"表示。

edX 在 2013 年 9 月推出了 X 系列（Xseries）课程，每个系列包括某个学科的若干门课程，修课时间一般为 6 个月到两年。学习者完成课程后可获得 X 系列课程证书，证明学习者完成了本领域的课程。目前已开设三个系列：

（1）计算机科学导论，7 门课，350 美元。

（2）供应链管理，3 门课，300 美元。

（3）空气动力学，2 门课，200 美元。

X 系列课程采用 edX 的身份认证机制，与 Coursera 的签名认证相似。

三、Udacity

（一）背景

Udacity 平台的课程以理工类为主，主要侧重于计算机科学以及相关的科学、技术、工程和数学学科，目前开设了 36 门课程。在合作方式上，Udacity 采用的主要是平台与开课教师个人之间的合作，与院校的合作占较小部分。

（二）平台特色

Udacity 平台提供的主要课程模块有课程通知、课程进程、视频、作业、测试、讨论组、Wiki 等。每一门课程的每个单元又包含多个知识块，每个知识块都有对应的练习与课堂笔记。在课程评估方面，提供了在线测试、习题与相关作业。Udacity 还推出了免费的就业匹配计划，帮助学生把简历推荐给合作企业。

第二节　正确认识慕课

"中国大学 MOOC"项目的启动，首批上线的 56 门课程，全部来自北京大学、浙江大学、中国科技大学、复旦大学等 16 所知名大学，这也引起了社会各界的广泛关注。据不完全统计，已经有超过 120 所高校先后实施了慕课建设项目，几乎所有的"985"高校都参与其中，"学堂在线""好大学在线"等慕课平台已经正式投入使用。慕课正以一种前所未有的方式对高等教育形态产生越来越大的影响。人们期望，慕课能够对传统大学的组织形式和教学模式产生革命性影响，并最终实现人人都能享受一流高等教育的梦想。但是，与轰轰烈烈的实践相比，慕课的相关研究尚不深入，还存在一些认识上的误区，这些都是亟待解决的现实问题。

一、网络"高辍学率"是不是慕课的致命伤

宾夕法尼亚大学教育研究生院针对 100 万名慕课用户进行了调查。结果显示，只有 4%的学习者完成了全部课程，大约一半学习者只听过一堂课。该结果一经发布，立即引起广泛关注。在线教育的高辍学率很快就被认定为慕课的"阿喀琉斯之踵"，并逐渐演变成为一种影响颇广的"科学论断"。但是，认真思考就会发现，在线教育的辍学率与传统教育的辍学率不是同一概念。

在传统教育中，辍学往往意味着学生丧失了学习的全部机会。但在网络教育中，很多学生的学习是碎片化的、非连续性的，如果这部分内容是学生已经掌握的，他们就会主动放弃，并选择适合自己水平的新的学习内容。所以，这种"辍学"更多是学生主动意识的体现。在网络学习中，学生掌握着学习过程的全部权利，学生可以自己安排学习进度，选择学习内容，学生是学习的真正主人。这与传统教学有着本质区别。在现实课堂中，学生即便对教师讲授的内容毫无兴趣，他们也很难逃离学习现场，最多只能通过上课睡觉、玩手机、打游戏等消极行为进行反抗。实际上，上述调查中 4%的完成率往往意味着这部分学生是全程深度参与课程学习的。而在传统课堂中，如果排除"身在曹营心在汉"的学

生，在一门课程教学中能够持续地深度参与学习的学生比率能否真正超过 4%，恐怕很难做出判断。

此外，在线教育的受众数量是传统教育的成千上万倍，这也导致在计算辍学率时容易得出一个极低的数值。无论如何，在线教育的高辍学率都不应成为反对慕课的借口或托词。但不容置疑的是，这种高辍学率仍然是一个值得深入研究的大问题，高校如何利用网络更好地进行教学，真正提高学生在网络学习中的参与程度，将会成为影响慕课健康发展的关键因素之一。

二、传统大学消亡会不会因为慕课而发生

一些在线教育的拥趸者认为，慕课将会打破传统大学的"围墙"，任何人都可以在任何时间、任何地点通过网络来"进入课堂"，享受全球最好的教学服务。2014 年 4 月，上海交通大学研发的慕课平台"好大学在线"正式上线，面向全球提供中文在线课。上海的 19 所高校还签订了慕课共建共享合作协议，建立学分互认机制，学生不出校门，就能跨校修读外校优质课程，并获得学分。这更进一步提升了人们的预期，并使"慕课将导致传统大学的消亡"观点甚嚣尘上，获得了更多人的接受和认可。

毫无疑问，慕课对于传统高等教育转型具有重要的价值，但它是否会成为导致传统大学消亡的直接原因，至少目前还看不出任何端倪。一位教育家说："大学之大，乃大师之大，非大楼之大。"进一步讲，大师之大不是指大师的盛名，而是指大师的思想和品德。以文化人、以德育人，这是大学精神的核心，也是大学存在的价值体现。慕课可以轻易将显性知识以数字化的形式传递给成千上万名学生，但是，将隐性文化原汁原味地呈现给学生，并对学生的情感发展产生影响，将是一件难以完成的任务。

众所周知，课程包括显性课程和隐性课程两种。其中，隐性课程指学生在学校情景中无意识地获得经验、价值观、理想等意识形态内容和文化影响。在信息技术的支撑下，明确的、事先编制的显性课程可以较完整地转化为在线课程。但是，如何将那些非预期的、潜在性的隐性课程转化为慕课仍然是一个未解的难题。毫无疑问，大学培养人才，不仅要注重知识和技能的学习，更要重视情感、态度和价值观的渗透，最终落实到健全人格的养成。这些方面的培养显然不是靠一两门课程就能完成的，它往往需要长时间的榜样引领和文化濡染，脱离大学的真实情景将很难完成。所以，慕课导致大学消亡至少在较短时间内不会成为现实。

三、慕课"一哄而上"有何不妥

随着慕课的快速发展，很多高校近期都陆续启动了雄心勃勃的慕课建设计划。目前，北京大学、清华大学、上海交通大学等高校因为起步早、动作快，已经形成了较强的领先优势。而那些刚刚开始筹建慕课的高校受形势所迫，不断加大资金投入力度，组织庞大的研发团队，试图尽快登上"最后一班车"。

纵览教育信息化的发展历程就会发现，数字教育资源建设一不小心就会陷入重复建设的怪圈。比如，一些学校前些年建成的网络精品课程大多是孤立的、重复的、无法及时更新的，最终变成了一个又一个的"信息孤岛"。慕课作为一种新型的在线课程，也依然面临类似挑战。在现有的本科高校中，有相当比例的学校属于综合性大学，学校之间的专业设置和课程计划有较高程度的交叉。可是，对于任何一门学科，在理想情况下，我们都只需要一个最好的在线课程就足够了，其他学校的学生在网上选修这门课程就可以了，这样就能极大地降低边际成本，实现慕课的规模效益。如果每一所高校都针对每门学科建设一门在线课程，不仅会导致教育资源的大量浪费，而且会影响慕课的整体质量。所以，慕课建设一定要避免运动式的"大干快上"，盲目追求高速度、大数量，这对于慕课的发展将会产生致命性的打击。"一哄而上"很可能会变成"一哄而散"。

从根本上讲，慕课建设与高校特色发展联系密切。如果高校发展只是追求建设千篇一律的"综合型"，将会导致严重的低水平重复。每一所高校都应根据自身情况，不断优化内涵，办出个性特色，形成差别化的发展优势，这样才能营造出良性发展的教育生态。慕课建设也是一样，与其一味地追求慕课热潮，倒不如静下心来思考学校的特色发展。如果能把这个问题先想清楚了，那么，建成高质量的特色慕课就是一件水到渠成的事情了。

总之，慕课的发展是飞速的，甚至是超乎想象的，人们的思考几乎无法跟得上实践的脚步，这也导致当前研究中存在一些认识的误区。面对未来，我们必须保持清醒的头脑，对发展中出现的新问题和新特点进行客观理性的分析，既要"低头拉车"，又要"抬头看路"，积极稳妥地推动慕课建设，促进信息技术与高等教育的深度融合，努力为学习者提供最优质的在线课程和个性化的学习服务。

第三章　慕课的主要特征

我们把组成慕课的四个单词："masslve""open""online""course"所指代的意思分别做了大略的解读，中心词"course"指出了慕课是一种课程模式，所以有必要对这种课程模式的特征进行分析。同时，"course"一词前面有三个修饰限定的形容词，则分别概括了慕课最重要的、区别于传统线下课程模式的三个特征：大规模特征、开放性特征以及使前两者成为可能的网络环境特征。在第三章，笔者将从两部分出发，分别论述慕课的主要特征：一是在网络环境中慕课体现的大规模以及开放性特征；二是在这样的巨型开放规模下，它整个动态的课程与教学过程的特征。

第一节　慕课在网络环境中体现的特征

国家开放大学的一位授课教师认为："如果从两个维度上看慕课，那么可能一个维度就是聚焦于规模，另一个维度是聚焦于社区和联系。"这两个维度，前者当然体现了慕课的大规模特征，后者则侧重于说明慕课的开放性以及由开放而形成的社区联系特征。

一、大规模性

慕课的大规模首先体现在课程的参加人数上。单从 Coursera 一个平台来看，到 2014 年年底，它的在线注册人数已经超过 1000 万，并且这个数字还在不断增加中。从具体某一门课程的参加人数来看，最初 MITx（edX 前身）开设的"电路与电子学"从 2012 年 5 月到 8 月的 14 周时间里，共有 15.5 万学习者注册加入，且最终超过 7 000 名学习者完成课程获得了课程结业证书；同时很火热的还有斯坦福大学的"人工智能"课，16 万来自全球 190 多国家和地区的在线注册人数不可谓不庞大，最终完成学习的人数是 2.3 万。较之传统课堂的只有几十人的学习人数和结业人数，都显示了慕课"规模"之大，受众之广。"人工智能"课的一位授课教师提到："这门在线课所影响的学生数超过他 20 年来课堂教学的总和。"除了那些已经造成轰动的已完结课程，现在很多慕课平台的新加入课程的参与人数也动辄上千上万，这是传统课程所无法比拟的。

其次，慕课的"大规模"，也体现在慕课平台上有大量可供选择的、涵盖几乎全部学科领域的网络课程上。到 2014 年底，全球最大的网络课程联盟 Coursera 共上线了涉及 25 个学科的近 900 门课程，其中比较多的课程出现在人文、经济金融、商业管理、信息技术、社会以及教育等领域。侧重基础教育的某学院目前在 YouTube 上有超过 4 000 多个教学影像供人们免费观看，内容也不仅仅是几何、代数、物理、化学、历史等课程，而是涉及医学、金融经济、计算机科学等诸多学科。当然，这些课程的授课语言并不全部都是英语而是多语种授课，其中以中文、法语、西班牙语等授课的课程受到部分学习者的追捧。同时，为了更好的接受不同文化的知识，各个慕课平台都组建有学员们自己的翻译组和字幕组，使得其他不懂外语学习者的慕课学习不再局限于以自己母语授课的部分课程，学习内容也随之增加了。而且，随着越来越多的学习者加入，他们的学习意愿和学习过程都以数据的形式被记录了下来，形成慕课学习的大数据，这些大数据可以帮助教师更好地选择和设计有效的课程与教学，促使慕课的学习内容更为多元，包罗万象。

除了以上两点可以体现慕课的大规模，慕课各个平台的合作伙伴中各研究机构以及世界级名校的数量，也足以担当"大规模"的名号。到目前为止，Coursera 已经有 118 个来自世界各地的高校和机构合作伙伴，edX 的合作机构与高校也已经超过 60 多家。而且，随着慕课的不断完善，越来越多的学校会加入慕课平台。

值得一提的还有慕课背后的教师团队以及大量人力和资金的投入。因为慕课不再是三尺讲台上一位教师面对几十个学生的传统模式，它面对的是数以万计的网络自主学习者，它的课程设计与制作，以及课程投放之后的管理与维护等都不是一位教师所能驾驭得了的。所以一门慕课课程从开始准备到结课评估，都需要一个完整教学团队的分工协作，共同努力。以 MITx 的"电子与电路学"课程为例，它的团队一共包括 21 人，其中，负责讲座、作业、实验室和辅导的有 4 位指导教授，同时还有助教、开发人员、实验室助理等协助人员 17 人。制作一门上线使用的慕课课程，较之传统授课，需要教师团队更久的准备时间。他们要选择教学素材、设计教学与活动、进行视频拍摄等。在课程进行中，也要不间断监控学生学习进程，及时给予反馈和答疑。除了人力投入外，各个在线平台的资金投入也是"大规模"的：国外某学院作为一个非盈利的免费在线学习机构，每年约要用到 900 万美金来维持运行，其大部分资金来源于捐赠。

二、开放性

慕课的开放性很好地诠释了"有教无类"的思想。这种开放性其实也体现了慕课自出现时便一直强调的教育公平原则。慕课的开放性，可以说是贯穿了慕课学习的全过程。慕课自开始的理念便与教育开放与教育公平有关，它从学员免费注册到选择课程资源和学习讨论，以及之后的一系列线上线下的相关活动，都对所有注册者完全开放。而且得益于各大平台的高校合作者越来越多，跨学校、跨学科的学习以及高校间的学分互认也变为可能。

有人说教育的公平首先体现在学习机会的均等，而教育的开放，首先要做到的就是学习机会的开放。在慕课中，学习者无论在什么时间段、什么地区、有什么样的自身文化背景，只要处在互联网的环境中，都可以随时注册进入慕课平台，选择自己喜欢或者需要的课程开始学习。这种对学习者的全面开放，是慕课最基本的特征。

从现有的慕课平台数据上来看，注册的学习者来自世界的 190 多个国家和地区，地域分布相当广泛，我们可以从学习者的注册信息以及话题讨论中了解到他们的性别、年龄、学历和生活经历。从现有数据上看，学习者的性别比例差距不大，不过男性学习者相对更多一点。20 到 30 岁具有大学学历或者正在进行大学本科或者研究生学习的学习者占大多数，但是也有很多初中、高中就加入慕课学习且取得成绩认证证书的学习者以及参加工作以后补课充电的各行各业人员。这种多样性还体现在学习者加入慕课的意愿动机上：有的学习者需要通过相关课程提升自己的专业水平，有的学习者是为了兴趣而学，也有一些参与者只是好奇跟从以满足自己的好奇心，还有的则是像游戏通关积攒勋章一样，为证书而学……正是慕课这种开放性，才吸引了处于不同年龄和社会层级、带有不同学习背景的学习者加入，也因为参加者的不同身份背景，使得慕课的许多学习讨论不局限于课程本身，而是成为一种文化的冲击与交流。

　　慕课的进入同样是开放的，准入门槛几乎没有。除了一部分需要一定专业理论知识做铺垫的深入解读课程，大多数课程初学者一进入便可以开始学习。同样的，它的教与学过程以及这一过程中使用的资源和工具也具有极大的开放性。慕课的每一节课都会有一个大致的时间范围限定，即一门课的开课时间是固定的几周或十几周，每一周课程组织者上传一节课的内容和作业，学习者可以在这一周内自主选择自己的时间安排，随时开始学习。这种时间上的开放极大地方便了学习者对自己的学习时间的规划。

　　而且，学习者的学习环境由学习者自己选择，这里的学习环境既指线上讨论小组或者交流平台的选择，又指现实中学习环境的选择。不同的学习者对同一材料的理解、关注点和疑问都会不同，讨论组的设立给予学习者交流答疑的平台。在平台中，所有参与者身份平等，提出问题和见解，互相交流讨论，即使是课程发起者也不会给定唯一答案或者固定答案，开放式的交流不会只限制在一个领域、一个角度。学习者可以通过讨论自主构建知识，也可以通过互动分享传播知识，使得知识更加延伸、开放。同时，在每个慕课讨论区或者讨论组，都有已经完结课程的相关资源和学习者分享的学习笔记，新加入的学习者或者错过该课程的学员可以二次使用这些资源进行补充学习，充分提高了网络课程资源的利用率。

第二节　慕课作为"线上课堂"所体现的特征

　　慕课是线上教育发展最新变化的主要成果之一。随着网络科技的发展和各种社交媒体的广泛应用，线上教育从最初的单纯提供相关课程材料、分享精品课程发展，到利用网络平台开展的、被看作"网络中的课堂"的慕课，很明显可以看出，研发者越来越重视给予学习者完整的教与学的体验。这也使得学习者在网络学习中除了获得优质的学习资源以外，还能得到专业教师以及更多的学习者的交流与反馈，并最终得到课业评价和认证。

　　一个慕课课程从开始到结束，并没有完全脱离已有的课程结构和教学过程的模式，几乎和线下传统课堂中一门课程从开始到结束的进程一致。所以，慕课与传统的线下课堂有天然的联系：慕课植根于传统课堂，教师、学习者、教学内容、教学环境等传统课堂具备的必要因素慕课一样具备。同时，慕课也是传统课堂的补充形式。

　　慕课与传统课堂最大的不同在于它运行的环境是互联网而不仅仅是封闭的教室。这决定了它要面对的参与者更多、规模更大。这些特点决定了慕课与传统课堂差异的存在：从最初的设计理念到对课程的设计制作，再到课堂教学以及学习管理、学习者反馈和学习评价，都体现了慕课与传统课堂教学过程的不同。

一、自我学习为主的课程教学理念

　　一个完整的课程教学设计一般包括四个基本要素：确定教学所要达到的预期目标（目标）；对相应的知识经验的选择（内容）；有效教学的组织（策略）；获得必要的教学反馈（评价）。它是整个教学活动的系统规划与决策，决定了整个教学过程的框架和走向。传统的线下课堂的课程教学设计一般离不开上面提到的四要素，这也决定了传统课程教学的"三大件"——以学时为单位的 45 分钟到 1 小时的知识讲授、课后作业以及考试缺一不可，这样的基本结构大多以教师为主导且已经长期稳定。即使在理论范畴内不断有新的教学思想、理念的更新换代，实际上的教学设计与组织、教学基本结构以及课堂活动等仍是基本不变。这样的课程教学设计大多以掌握知识、达到学习目标为前提，强调学习者在教师的引导下先教后练，最终达到知识的巩固。

　　慕课的课程教学设计在包含了完整四要素的前提下，更强调学习者的自主学习。它同样具有和传统线下课堂类似的"三大件"，即课程的讲座视频、嵌入式课程测试与评估以及师生互动和生生交流的论坛小组。因为慕课面对的是规模庞大的学习者群体，传统线下课堂都不能保证照顾到每一个在课堂中的学习者的学习进度，慕课更没办法做到讲授教师与学习者的"一对一"交流。但是，慕课志不在实现师生的"一对一"交流，而是为有志推广优质教育的学者和专家与有心学习却缺乏想要的教育资源的学习者搭建了一个平台，打开了双方交流的通途，引导学习者按自己的步骤学习。所以，在整个学习的进程中，学习者的自我管理和自我监督将起到督促完成学习任务的最主要作用。因此除了与线下课堂一样要重视课程教学质量问题外，慕课的课程教学设计还必须考虑到巨大规模的学习者的不同学习背景问题，要最大限度地满足不同背景的学习者的需求，利用优质的学习资源引导学习者完成自我学习。

　　同样的，在慕课面对庞大的学习群体的同时，学习者也将会面对可以选择的、具有不同专业性质的海量慕课课程。这无形中造成相同慕课课程的同行竞争，而这种竞争在传统的线下课堂中是不存在的，传统课堂的教师只要按照教学大纲目标在熟悉的学生中间完成每堂课即可。所以，对于慕课课程教学设计者来说，利用新鲜有趣的内容吸引学习者的注意力，利用教师魅力和课程内容的硬实力留住学习者，进而形成课程的固定"粉丝"，都是一门课程经受考验、生存下去的关键。

二、短小精确的课程内容选择与组织

传统线下课程以一定的课程标准和反映系统学科内容的教材为蓝本，并配备相应的教师用书与练习册作为辅助。按照不同的授课形式，可以分为以学习各专业领域理论与发展为主的分科课程和以进行实践活动或者实验等为主的活动课程。一般传统的线下课程都是由国家统一编制实行的，具有权威性和强制性，也有部分地区以自己区域特性为出发点制作一些地方课程作为主体课程的补充。但是，不管是学科课程或者活动课程，还是国家课程或者地方课程，它们的制作都以知识的逻辑性、系统性和学习者的成长为内在要求。课程内容的选择都以教材为主，教师没有办法改变教材的内容，需要按照大纲和教材的要求完成授课。

相较于传统课堂的教师，慕课的设计者与讲授者对课程的内容有更大的选择权，他们可以从自己的专业角度出发，将自己擅长领域的内容进行整合，形成具有专业性也可能具有跨学科性质的课程内容。各学科、专业领域的专家、教师可以将先行编制的多样化的网络课程和教学资源上传到慕课平台。这些设计之初未必相互关联的学习资料可以单独作为学习单元，也可以按照一定的逻辑、意义、目的进行重新整合，聚集成为具有不同学习目标的学习单元集，实现课程资源的再利用。即使课程设计者和讲授者并没有运用已有的网络课程资源，而是选择新的课程内容或者讲授者线下课堂中的内容进行慕课的课程教学设计，它也与平时的线下课堂的讲授大相径庭。因为慕课的讲课视频大多只有 10 多分钟，每次课都是由几个短小的课程视频和相关学习资料作为主要的内容向学习者呈现。这种视频组合的方式打乱了传统线下课堂 40 到 45 分钟的授课节奏。因此，它的课程内容的呈现方式必定不同于传统的"满堂灌"式呈现方式。所以，在课程内容的选择上，课程设计者和讲授者必须挑选更具有普适性也更简单易懂的内容来制作讲座视频。同样的，课程的制作也要考虑到上述方面，要注重各种教学方法和教学媒体的合理使用，使课程内容的编排在讲授清楚的同时，增加趣味性和实用性，使更广泛的人群得以接受。

一门高质量的慕课从设计到制作完成需要几个月的时间做准备，具体的实施步骤如下：

（1）编写课程材料，选择课程内容，然后将之切分为约 2 小时长（相当于一周课程的量）的几部分，再将每一部分切分为 10 多分钟左右的小节，方便后续的课程视频录制。

（2）录制讲座视频并编辑（一般一个讲座视频需要录制几遍，经过编辑之后才能使用）。

（3）按照具体的慕课平台要求按时上传课程资源，主要包括讲座视频和附带的学习阅读资料或者 PPT 课件。

（4）为讲座视频创建嵌入式测验，一般一节视频嵌入 1 到 2 个程序性问题。

课程会在开始前一个月左右进入慕课平台供学习者选择，这期间公开的课程介绍和宣传视频可以帮助学习者了解课程的基本状况以及授课教师，同时，教师要在平台编制课程评价的内容并开始进入管理系统，会话小组和论坛等交流区域也随之开放。

三、民主平等的师生互动与教学管理

传统线下课堂的师生互动大多发生在课堂上，是课堂中教师行为的一种。教师一般利用一定的课堂教学策略引导这种互动。在以讲授为主要活动的课堂中，进行问答、讨论等课堂互动可以更好地促进学生的课堂学习。在教育学中，教师的课堂行为分为主教行为、助教行为和管理行为三种。

（1）主教行为是教师在课堂上主要的行为，主要包括教师在课堂中的语言、文字、图像、动作等的呈现、阅读、活动、练习等的指导行为以及与学生问答、讨论和对话等交互行为。师生互动在课堂中占有很重要的地位。

（2）助教行为更多是为了激发和培养学生的学习动机，从而产生更好的教学效果。比如进行有效的课堂交流，表达教师对学生的期望以及采用一定的技术手段强化课堂等。助教行为大多发生在具体的以学生或者具体的教学情境为定向的课堂环境中。

（3）管理行为在传统线下课堂一般表现为课堂规则的制定与实施，同时还包括对学生课堂行为的纠正以及对课堂时间的控制。良好的课堂管理是教学顺利进行的条件。

在慕课中，上述的三种教师行为都有所体现，只不过无论是教师与学生的互动还是有效的教学管理都不像传统线下课堂一样同步进行。慕课一般一周会进行一次课程量的放送，教师在开始课程之前就会把做好的课程计划通知给所有想要加入课程的学习者，并规定好每节课作业递交的截止时间。在每一节课开始后到下一节新课上传为止的规定时间内，学习者需要自己把握时间完成对讲座视频和学习资料的学习，无论是学习的时间安排还是地点的选择，学习者都能做到自主参与、自我选择。从这一点说，慕课的学习需要学习者在学习中能够自我学习和自我管理。

在完成学习资料的学习后，学习者随时都能加入到平台的交流讨论区或者组建好的课程学习小组参与讨论。教师也会在固定的时间里浏览讨论区，对一些共同提出的问题进行答疑解惑。因为参与课程的人数是巨大的，慕课讨论更多以生生互动为主。"课程讨论区是构成慕课教学过程的重要环节，用于师生之间、生生之间探讨课程内容、课后作业以及课程相关的延展问题。师生间、生生间的交流大部分依靠课程讨论区，因此讨论区的管理相当重要。"

整个师生、生生交互的过程中，教师不是一个人面对学习者，一般慕课课程的完成都是一整个教学团队的成果。一般而言，慕课团队的教师会实时关注讨论区的更新，他们也会根据每一周课程的要点内容，发出相应的讨论帖，召集感兴趣的学习者参与讨论，引导他们进行深入思考，进而巩固讲座视频中学习到的知识。同时，他们还会针对讨论区中学习者发帖提出的问题进行答疑归类，"对学习者提出的问题，如果其他学生给予详尽的解答，应予以肯定，对学生没能详尽解答的问题，教师定期整合这些问题，并进行专业的回复"。

从上面两点可以看出，在慕课的讨论区，学习者可以像在其他交流社区一样自由发言，平等交流，还能灵活运用学到的知识帮助有困扰的学习者解惑答疑。正是这种可以无限扩大的交互作用，使得慕课能够在世界各地的学习者中间传播，它的包容性与开放性最大程度上促进着知识的传播与扩散。

面对如此巨大的讨论人群，课程讨论区的管理工作并不轻松，这项工作一般由教师团队主导。他们也会从讨论区的活跃学习者中招聘有能力、有余力的学习者加入管理团队，对每天的讨论区的帖子按规定的分类进行删除或整合，保证讨论环境的健康有序。除了对讨论区的管理，慕课教师团队的管理任务还有对每个注册的学习者发送开课的邮件提醒、作业截止日期提醒等一系列人性化的监督管理服务。

相比较传统线下课堂面对面的教学管理，慕课的教学管理的主动性要差一些，更多还是要依靠学习者自我管理自我监督才能顺利完成，这也一定程度上造成了目前慕课居高不下的参加者退出率的问题。因此，如何使学习者养成良好的自主学习习惯，也是慕课研究者需要深入研究的问题。

除了各司其职的教师团队以及活跃的学习讨论者，慕课课程的互动和管理还需要仰仗一定的学习支持服务工具。当然，其中最重要的学习支持就是每个慕课平台都会设置的课程导航系统、作业笔记展示区以及讨论区论坛。除了这些平台自带的技术支持，还有很多帮助学习者发现并筛选课程的评价筛选网站。比较出名的是具有索引功能的 Class-central 网站，主要用于帮助学习者进行新课的检索并提供时间索引，此外还有 CourseBuffet，Knollop，CourseTalk 等做课程评价与推荐的网站，以及国际知名的专门教育考试中心——培生教育等。我国的果壳网旗下的"MOOC 学院"也可以算作是慕课平台各类慕课课程在中国的集散地。"MOOC 学院"几乎网罗了世界各地的大部分慕课新开课程和热门课程。这些学习支持网站方便了用户查找适合自己课程的需要，它还支持学习者对课程的评价，如等级评价和意见评述等，为更多的后续学习者做出引导，也加强了学习者的沟通与交流。

四、同伴互评的评价方式及学分问题

学习者的学习评价是完整教学过程必不可少的一环，一般要在一定的学习目标的给定标准的指导下，通过运用一定技术手段与方法，对学习者在整个学习过程中的学习行为和结果进行科学的判定。学习者的学习评价是作为学生评价的一部分存在的，学生评价除了对学习者的学业评价，还包括对学习者的道德情感和综合素质的评价。学习评价可以诊断学习者的学习成果和教学的有效性，也对要完成的目标具有导向作用，客观上来说，通过对学习者学习的评价，教师能够更好地了解学习者的知识掌握程度。

在传统线下课堂中，学生的学习评价一般根据实施的时间不同而具有不同的作用，并因此将之分为诊断性、形成性和终结性评价三种。诊断性评价一般出现在课程开始之前，帮助教师了解不同学生的现有知识掌握程度和优缺点，从而更好地制订教学计划，教师一般会采用摸底测验与查阅过往成绩单结合的方式进行。形成性评价多发生在课堂上，多以单元为主要模块进行测试，它的主要作用是为了教师把握学生实时的学习情况，进而提供有效的帮助，形成性评价测试也可以使教师发现之前课程教学中存在的问题并及时纠正，一般的测试方式有随堂考试或者单元测试等。终结性评价发生在整个教学计划全部实施完毕之后，是对学习者乃至教师的整个学习过程中学习成果的总体评价。学校每学期的期末考试以及与升学挂钩的中考、高考都可以算作是终结性评价测试的一种。因此它的概括水平比较高，对测试的准确性、公平性有很高的要求。

慕课学习评价的标准没有传统线下课堂那样严格，这一点尤其体现在终结性评价上。传统课堂的学习评价往往与学生的学分和获得学历相关，具有社会认可度；而慕课的学习评价一般是为了验证学习者是否按标准完成了作业，是否在一门慕课中学到知识而做的。

因为慕课课程的设计团队各不相同，它的评价标准也各有不同，这取决于开设课程的教师事先确定的标准。一般授课教师会在开课前以公告的方式告诉学习者获得本课程的结业证书的具体作业要求和评分标准，学习者通过完成规定的课后作业量和测试，合格之后得到慕课平台颁发的带有自己注册姓名的相应课程的电子结业证书，作为学习者完成课程的认证。

值得一提的是，和前面提到的使一些积极发言且有一定能力基础的学习者加入学习论坛管理组一样，慕课课程的作业评价也有和传统线下课堂完全不同的方式——同伴互评。关于同伴互评的作业评价方式，很多人质疑它的公平合理性，认为做出课业评价更需要以教师的专业素养为基础，凭借随机分派到学习者手中进行作业评价，很难保证评价的有效性，而且，与传统课堂中的学生互评不同，慕课的学习者要面对的是数目更为巨大、学习背景各不相同的学习者群体，学习者各自完成作业以及进行评测的动机也不甚相同，且对于教师而言，评测的过程缺乏监控与调解……种种争议一直都不停歇。对此，有教授通过数据分析的方式，测评慕课的可信度、合法性以及知觉影响等方面。数据分析的结果是，在一般情况下，多数的同伴学习者能够公平合理地对同伴的作业做出评价，他们给出的得分也与 Coursera 平台评分系统给出的成绩基本一致。

他们认为，同伴互评的使用有一定的使用原则，比如即使同伴互评的结果往往看起来更可信一些，但它并不能完全取代学习者自评，因此要把同伴互评与学习者自评组合起来。而且，进行同伴互评前要做好相关标准的确定工作，让参与评价的学习者按照一定的标准进行，并最好做一些相关的训练，以提高评价的可信度。同时，对一份作业的评价要经过 3 到 5 位学习者的共同评价，并去除最高最低分等不稳定因素取平均值。在评分过程中，要把软件测评与同伴互评的结果结合起来，最大限度地保证成绩的合理性和有效性。

同伴互评不仅仅是教师团队人手不足、为解决庞大的学习者成绩测评做出的不得已的对策，对于学习者而言，做同伴互评的过程其实也是一种积极的学习经验。在评价其他学习者的作业的同时了解他们对同一问题的思路想法，再比照自己的作业思路，而且对他人的作业做出公正判断的过程，正好是检验自己的知识积累并对比反思的过程。

在慕课平台建设中，有一些慕课平台会定期挂出几门可以提供合作院校学分的课程供学习者参加。Coursera 一直在积极拓展合作伙伴，推进在合作院校间开设专项提供学分的课程项目。一般而言，学习者在注册时需要缴纳一定费用，考试结束后能够获得选修课程相对应的院校的学分，这有助于其完成该校学分获得相应的学历。同时 Coursera 还在积极促进高校间学分的互认，期望渐渐打破高校间的学分壁垒。如果这种学分认证被广泛认同，将会成为推动在线学位认证的极大动力。

目前来看，这项服务中学习者要参加的考试也比普通的只提供结课证书的慕课更为严格，比如答题过程中参与者要打开摄像头，将自己的身份证件和面部进行对照；考试中心也会运用一定的测量工具检查考试者的行文习惯是否和之前的数据相同；等等。这种课程相比于其他数目庞大的普通慕课课程的数量要少一些，但它却是慕课在满足不同学习者个性化、打破高校学分壁垒、加速线上学位授予进程等方面的极大进步。

很多人质疑这种学分授予是否会造成廉价学历泛滥的后果。虽然目前来看，关于高校的线上学分授予乃至学历授予，以及更进一步的校际间的学分互认合作项目的发展还不是很成熟，不过，互联网的存在就是能将过去不敢想的无关事物连接在一起成为一个整体的传奇，学习者对更多的优质学习资源以及获得学历认证的潜在需求势必会推动慕课在学分问题上走得更远。

第三节　慕课的特征分析

一、优秀的教育资源

慕课的兴起和发展起源于 MIT 的开放教育资源的运动。它继承了开放教育运动的"开放、共享"的理念，立志将名校的优秀教育资源在全球范围内开放共享。如 Coursera 与世界范围内的顶尖的大学合作开发课程内容和资源，教师和助教会考虑网络学习的实际情况，针对网络学习者的特点，选择合适的教学策略，精心规划课程，提供面向在线学习者的课程及资源，开展最优质的网络教育。

二、灵活多样的自主学习

自主学习是指学生作为自己学习的主体，通过学生独立地分析、探索、实践、质疑、创造等方法来实现学习目标。慕课的课程一般按照知识点被划分成"碎片化"的微视频，长度一般是 6~10 分钟，适应网络时代碎片化的学习特点。学习者可以根据自身的兴趣或者需求选择学习内容，选择适合的学习平台和工具，利用碎片化的时间学习，并在学习的过程中分析、探索、实践、质疑，最终实现学习目标。慕课课程大部分有开课时间和学习时间的限制，在此时间段内学习，学习者最终才有机会获得网站认证的证书，但是一般会提供一到两周的作业完成时间，学习者只需在课程截止日期之前上交即可，所以学习者完全可以在此时间段灵活自由地安排学习时间。慕课课程和所有的网络课程一样，不拘泥于地点的限制，完全可以在任何有网络的地方展开学习。在线教育的教学前景就是提供个性化的学习经验，慕课正试图记录大量学习者的历史学习轨迹，以期在数据分析的基础上对学习者做出个性化的学习指导。

三、大规模学生参与，多种类型的互动

慕课的重要特征就是大规模的学生参与，慕课课程的注册不限制人数，并且还借助Facebook和Twitter等社交网站给学生提供交流讨论的空间，学生和教师可以通过这些社交网站展开学生和学生之间、学生和教师（助教）之间的交互。学习者之间的交互可以形成学习共同体，他们之间可以围绕课程相关的问题进行交流和讨论，且当学习者之间展开深度讨论时，就会有新的知识生成，符合慕课知识生成性的特点。学生和教师（助教）之间的交互发生在学习的整个过程中，包括教师课程的安排、教师向学生讲解知识、教师向学生提问和发布测验、学生回答教师的问题和进行测验，以及教师对学生问题的解答等。由于慕课课程的学习者数量众多，因此学生之间的交互较为频繁，但教师（助教）和学生人数比值较小，教师（助教）和学生之间的互动发生的概率较小。在慕课里的另一种类型的交互发生在人—平台之间，包括教师和平台、学生和平台。教师和平台间的交互包括教师在平台上嵌入课程内容，教师通过平台查看学生的反馈信息；学生和平台之间的交互包括学生在平台上查看课程视频，完成测验，与同伴、教师之间展开交流讨论。

四、缺乏完整的学习体验

毋庸置疑，慕课具有通过网络向大量的学习者免费传递知识的巨大优势。但是，慕课能让学习者拥有完整的学习体验吗？慕课课程可以向学习者传播知识，但是教师在向学习者讲授的过程中，不能捕捉到学生的言语及表情的反馈信息，不能对学生反馈信息做出回应，导致学生学习体验的缺失。还有像工程类学科，学习过程中都需要大量的实验来完成，学习者通过实验加深所学知识印象，慕课课程发生在网络环境下的，不能进行真正的实验，虽然现在有大量的仿真模拟实验在网上实验室展开，但是依然不能替代学习者对真

实实验的体会和在真实实验中获得的情感。教师和学习者之间隔着键盘和网络交流必然会大大降低实际操作的效果。

五、课程学习的维持力较低，完成率不高

很多人认为慕课不能取得成功的主要原因，就是慕课很高的退学率，与传统的教育形式相比，这是其最大的劣势。哈佛大学和麻省理工学院共同开展过的一项研究，该研究对17门 edX 上课程的数据进行跟踪。数据结果显示，共有597 692名用户注册这17门课程，注册次数是841 687次。其中，292 852名用户一次也没有参加过其注册课程的学习，469 702名用户学习了其中一门不到一半内容的课程，有35 937名用户学习了超过一半的课程内容，而只有43 196人完成了课程内容的学习，且拿到课程结业证书，这仅占总数的7.2%，远远低于传统教育的课程完成率。选课人数众多但是完成率较低的情况表明，大多数的慕课的学习者有足够学习的热情，乐于选择慕课这种方式来学习，但是大部分的学习者难以完成课程。这可能有两个方面的原因：一是学习者的内驱力不足，二是课程本身吸引学习者维持学习的能力较低。

六、课程和学习效果的评价质量不高

慕课的课程虽然都来自名校，但是对其课程质量是否很高还存在着一定程度的质疑。目前慕课课程的评价大都是采用学习课程的学习者在论坛上投票、留言的方式，这种方式的评价是否科学还有待考究。慕课作为一种在线课程，也不可能用传统课程的评价方式来评价，因此针对慕课课程的评价体系还有待开发。

慕课课程的开放性和共享性吸引了大批的学习者参加课程，因此怎样针对人数众多的学习者开展评价就成了一个重要的问题。目前慕课平台对学习者效果的评价主要有两种类型：一种是机器对学习效果的评价，另一种是学习者之间的互评。对于是非对错标准比较明确的自然科学类以及答案唯一确定的选择类问题，机器都能正确地对学习者的答案做出评价，评估学习者学习效果。然而对于并没有统一答案的人文社科艺术类学科，让机器来判定学习效果有一定难度。虽然目前有技术可以实现这个难题，但是评估的效果还有待提高。另外一种是学习者之间的互评，把对别人学习效果的评价纳入完成学习的一部分，但是调查研究表明很多学习者都是为了评价而评价，没有认真地对同伴做出一个客观正确的评价，或者由于学习者自身学习水平的限制很难对同伴做出正确的评价。

第四章　慕课背景下高校学生英语学习方式的改变

随着信息技术的发展和互联网的普及，在世界知名高校的引领下，"慕课"在全球如火如荼地发展起来。慕课是一种新的教育模式和教学模式，与以往的网络开放课程相比具有更强的规模性、开放性、共享性、互动性。2013 年，北京大学、清华大学、上海交通大学、复旦大学等一批名牌大学先后加入国际"慕课"平台，在我国迅速掀起了"慕课风暴"。"慕课"的兴起深刻地影响了我国高等教育，对大学生学习方式提出挑战。

转变学习方式对提高大学生学习能力和综合素质至关重要，"学生学习方式的转变在学生培养模式改革中占有首要地位"。转变学习方式，有助于大学生学会学习，形成终身学习所必需的学习能力。大学生学习方式转变并不是用新的方式代替旧的方式，而是在继承传统学习方式的基础上，由单一的被动接受知识的学习方式向以自主、探究、合作为主要特征的多样化学习方式发展。

第一节　高校对学生英语学习的要求

一、大学学习的自学性要求

从实际水平和能力方面说，大学就是自学。很多同学进入大学很长时间也没能很好地掌握大学的学习方法。中学学习方法的惯性导致他们进入了一个严重的误区。由中学的领、看和管理性学习方法到大学的自由的学习方法，他们很不适应。中学是老师领着学、看着学，甚至是家长管着学、逼着学。大学的学习则是完全从这种状态中解放了出来。与中学生比较起来，大学生是极为自由的。但是，大多数学生并没有充分利用这种自由。大学的自由是思想的自由、探索的自由、个性发展的自由、自学的自由。很多同学在享得解放了的自由的同时，并没有获得思想的自由和学习的自由。一个被管惯了的学生在给他充分自由的时候他变得茫然和无所适从。大学主要的学习方法是自学。在充分自由的没有人管，没有高考压力环境下的自我学习习惯的培养是大学学习的关键。这就要发生几个转变：由中学的"要我学"到大学的"我要学"的转变；由中学的被动学到大学的主动学的转变；由中学的盲目性到大学的清醒性的转变；由中学为高考的学到大学为真理的学的转变。不能实现这个转变，你上了大学，也还是"高四"，而不是大学。有的同学即使大学毕业了，也还是"高七"，没有进入实际的大学学习方法，只进了大学的校园，听了大学的课程，没有大学的自学，没有自觉性学习的大学，也还是不能称之为大学。

大学学得好的概念或标准，与中学是不同的，中学是用考分来衡量，大学的考分不能完全说明一个学生的真实成绩。你可能每年都拿奖学金，但是，你只是跟着老师学，只是考试科目的成绩很好。很多同学有一个严重的错误认识，以为上课就是上大学，上好了课就是上好了大学。但这是严重的误区，这样的认识极大地限制了你的自学，限制了你的潜能，也限制了你发展的可能。比如，你的关于《红楼梦》的考试题答对了标准答案，那可能是因为你把题库背得滚瓜烂熟，但《红楼梦》你看得并不好，甚至没有读完，红学家的各种观点，你也不知道，更不要说由《红楼梦》的学习你形成了不仅对《红楼梦》而且也迁移到对其他文学作品分析的能力，或者，由《红楼梦》的学习你进一步深化了对文学的感悟与理解。而这些并非是课堂所能完全学到的。这并不是老师教得不好，老师不能代替你对《红楼梦》的阅读，老师也不能代替你读《红楼梦》研究资料，老师不能代替你进行思考与探讨，老师更不能代替你形成你的文学观念和实际能力，当然更不能代替你进行《红楼梦》的哪怕是一些最基本的写作性研究。这些，都要靠自学来实现。因而，大学学习最真实的成绩是靠自学程度来衡量的。也确有这样的学生，考试成绩平平，但实际水平要比考试成绩好的同学高出许多。

进了大学首要的任务，是从中学生那种被动型学习方式转变到自觉型的学习方式中来。转变得快，学得就好，转变得慢，学得就差，根本没有转变的就不是大学的学习。"大一"一开始，就要树立这个转变的观念，要时时地强化它，并践行这个观念。把学习限制在课堂中，限制在教材中，限制在老师的教授中，而没有我们自己的自学，那肯定不是好的大学学习。

只满足于课堂的学习，只满足于教材常识性的积累，只满足于期末考试背题库的考试成绩，之所以不是好的大学学习，就在于它不能导致你深入到知识的深层结构之中去，不能深入到产生知识、支撑知识、解释知识的理论体系之中去，不能深入到阅读、思考和探索的过程之中去。你的大学只是浮在表面，没有深入到知识的内部和学习的过程中去。

如果想对那些成功了的大学毕业生进行总结，就要看看那些有成就、有作为的毕业生，他们是怎么学习的，这对大家肯定是有启发的。他们的学习绝不是仅仅限制在课堂上，限制在教材中，限制在对期末考试的范围内，而是有一个很好的自学甚至是治学习惯与方法的养成。由于他们深入到了知识的内部之中去，深入到了产生知识的理论背景和原典之中去，深入到了一个阅读、思索和探究的过程之中去，他们就获得了更为丰富更为有用的理论知识和方法论方面的积累和塑造、训练和武装，就形成了远比用于考试知识重要千百倍的实际能力，而且在这个过程中，他们还学会了自学与治学方法并形成了一种习惯，这就使得他们具有了强大的后劲和"后发优势"。没有一个很好的自学，没有进入完整的学习过程（只听课而没有自学那就不是一个完整的学习过程），还要想学得好，那是"天方夜谭"。

强调自学除了要按照老师讲的内容阅读必要的原典，按照老师的指引阅读相关书籍外，还有四个原因：一是学校规定的通用教材具有一定滞后性，它不能及时把最新成果反映出来，因而要深入到学科的前沿去，学习钻研最新的研究著述，把最新的研究著述的学习同课堂的专业学习结合起来，会收到意想不到的效果。最新的研究成果会使教材当中的知识得到深化，更主要是能得到纠正性认识。二是学科封闭性造成知识的隔阂性。自学可以补充由于学科壁垒森严造成的知识隔膜和缺少统一性思想视野的严重缺欠。大学学科分类使知识研究更专门化，也使讲授具有了可把握的体系性。但学科分类下各个专业往往是封闭的，这就造成了"不知有汉，无论魏晋"的局面，不可避免地带来了画地为牢、作茧自缚的严重问题。可是知识之间本身不是隔绝而是相关的、整体的、贯通的。只有自学一些新的东西才能使各学科知识融会贯通。三是新知识层出不穷。这是一个知识爆炸的时代，每天都有创新性知识产生。我们当然不可能把某一个专业的新知识全都浏览掌握，但是，最主要的知识还是必须掌握。而这方面也是完全依赖课堂学习所不能解决的，只有自学，并且是如饥似渴状态的自学才能达到。四是对经典的阅读。经典是人类知识的精华，经典的阅读绝大多数是在大学时代完成的。但是，在大学里你只把学习限制在课堂上——一般来说课堂讲的是常识而并非经典（这里主要指的是理论性经典），没有自己对经典的研读即自学，你就与人类的精华思想知识隔绝了。

二、大学学习的理论性要求

大学的关键是理论的学习。总的来说，中学学习是侧重知识，而大学学习则是侧重理论。知识的学习是横向的平面的累加；理论的学习则是纵深的体系性的构建。知识是常识性的，理论则是对常识的解释或产生常识的原创性的东西。对大学生来说，理论是极其重要的。不要惧怕理论，不要蔑视理论，不要忽视理论。相反，要热爱理论，渴求理论，痴迷理论。知识是海洋，理论是灯塔；知识是群山，理论是泰山，登泰山而小天下。只有理论才能深刻地揭示现象。任何学科的大厦都是以理论为基石来支撑的，任何知识都是要用理论来阐释的。没有理论的学习就没有抓住最根本的东西，就等于没有抓住知识的灵魂。

一个大学生，到毕业了还没读过本专业最重要的基本理论书，相近的专业的更不要说了——那真是不是完整的"大学"。

信息时代，人们阅读碎片化了，这不仅严重影响了大学生的阅读，也严重影响了大学生的思想结构甚至人格结构。简短、快捷和丰富的信息，对正在学习的大学生来说不是必须的，甚至不是好事。信息是碎片化、平面化、娱乐化的。大学生学习要体系化、系统化、结构化、深刻化、渊博化。因而要系统读书、系统钻研问题、系统架构知识体系，要把知识转化成能力，要培养创造精神，等等。无所不在、无时不在、无孔不入的碎片信息，把时间一点儿一点儿地分割了，哪里还有什么大块的完整的连续性的时间和沉静的专心致志的心情系统地阅读理论著作，还有深入地思考与写作？当上微博、刷微信成了生活中重要的内容，你就形成了一种期待心理，期待着新讯息的到来，如果没有，你就觉得好像缺了点什么，你就觉得没事可做，感到了空虚。因为你的时间和思想情感的空间被碎片化信息占领了。更为严重的是，你的思维也被碎片化了，你被微博、微信的"微"形式所同构，不能有一个系统的结构性的知识构成，不能形成一种宏观性的思维和结构性的思考了。

还有就业压力使许多同学非常重视基本技能，这是对的，是必须的，但是，一个不可忽视的倾向就是只注意外在的东西，表达性的东西不注重，真才实学的东西没有形成自己的解读能力。没有通过自己的深入的对理论著作的阅读，得到支撑解读文本的"支点"即最基本的理论方法。所讲的东西是外在于思想情感的东西，外在于知识结构的东西，外在于文学理念的东西，没有获得深厚的理论观念来支撑，没有什么新意，甚至也没有自己的一点体会，也就没有深度可言。

一些同学觉得理论书太难读，硬着头皮看也看不下去，因而索性不读理论书。怎么解决这个问题呢？有两个基本方法可以改变这种惧怕理论书的问题。

一个是带着问题读。你对这个专业有什么问题，或者你对现实有什么问题需要解决，你带着这具体问题读，在理论书中寻找解决问题的方法，就可以读下去了。你不妨这么试试。因为你有需要，需要成了阅读理论书的动力。你在感觉很饿的时候，你才会狼吞虎咽地吃东西。研究某个问题，会造成你对思想知识的饥饿感，甚至是非常严重的饥饿感，你就能读下去了。如果你渐渐生出课题意识，那你就会很系统地，甚至是跨专业、跨学科地读书了。或者找一个题目去做，用题目或课题，带动读书与钻研。这是一个很好的很奏效的方法。这个方法同学们也不妨试试。

另一个是可以用"一本书主义"试试。所谓"一本书主义"就是反复读一本书，下大工夫把它弄通弄懂弄会。可以用初读、复读、细读、重点读、重读等方法来读一本书。初读可以大致浏览，不求甚解地把握一个大概，从整体上了解这本书的体系、主体、大概意思即可。复读可要认真地读了，要把每一章每一节都读清楚，在整体浏览基础上，认真把握具体内容。就像进了房间，要仔仔细细地看清每一间的具体情况一样。细读就是要对基本概念和重要问题深入地读，把握住基本思想和主要问题。重点读，将细读过程中还不懂的问题作为重点来读，或者将自己还没有弄清楚的问题作为重点来读。重读是在前几种阅读的基础上，重新从整体上的深入把握，对整体和体系有一个重新的整理、概括等。还可以是在读了其他书之后，有了积累和借鉴，重新回过头来读，那样还会有新的体会。

同时，也要看对你所读那本理论书的评介、研究和运用等。记笔记是必要的环节。把重点、难点、疑点、核心观点还有你的体会和思考都记下来，这对读书人更为重要。记了笔记的东西和没有记笔记的东西是绝对不一样的。有了对一本书阅读的体会和功夫，再读其他的书就容易得多了，你就不会感到那样痛苦了，你渐渐就会对理论书感兴趣甚至产生浓厚的兴趣了。在一个浮躁的时代，还是要耐住性子读书，千万不要什么书都是快速浏览。读书只用快速浏览不会得到什么真东西。

当然，首先你要弄清楚你所学的这个专业，支撑这个体系大厦的最重要的理论著作，至少要知道有那么（不同的）几种，它们既是建构其他知识体系的坚实基石，也是解释其他知识体系的最基本标准。读了几种之后，你对这个学科的认识自然就会有很大的不同，你自己就可以产生对你学习教材的重新评价，有些同学甚至可以达到初步重新梳理学科体系的境界。比如你所学习的各代文学史它是依据什么文学标准构建起来的？这就涉及文学标准的问题。如果你读了世界最权威的文学理论的著作，你再看文学史，你就有很多不同的认识。关于这个学科的学术界讨论的最新话题你要关注，最新的学术动态你也要关注，要读学报、期刊，那里面有最新问题的研究与动态，可以激活你的思想。要把这种最新学术见解与你课堂学的课本的东西联系起来比较思考。如果把知识比作水的话，过去的知识是一潭凝固的水，而正在研究的问题则是一条澎湃汹涌的大河。两者相得益彰，把对过去知识的学习和现在知识的学习结合起来，就相当于把源和流结合起来——这样你就获得了广阔而深邃的文化背景与视野。

大学不要仅仅从老师那里学常识，要越过常识，但不是不要常识，是不止于常识，要丰富于常识深刻于常识，赋予常识以灵魂与生命，使常识为思想所用。比如文学，我们不能止于学文学常识，而应该学习对文学理解的理论与方法，学习对文学欣赏与分析的方法，形成自己的审美能力。如果你的大学仅仅学了一些常识，并且是用于期末考试的常识，而没有最基本的理论方面的学习与建构，那你的大学就等于什么也没学到。从目前大学生的智力水平来看，课堂讲的大部分常识完全可以通过自学来完成。我们应该在最有用的理论学习、实际能力和创新能力训练上下工夫。但恰恰这个方面很不够。

三、大学学习的相关性要求

建立合理的知识结构，是大学最不容忽视的问题。中学学习的知识相对来说是不太强调关联性的，而大学就必须注意知识的相关性。这种相关性，是学科知识的必然性要求。知识的必然性要求就迫使我们必须构建合理的知识结构。

这方面的不如意现象是知识过于单一。只知道各科的东西，不知道把各科之间的壁垒打破了，把它们融会贯通起来，只知道课堂那点东西，不知道课堂之外的更广大更丰富更深邃的世界。这就势必导致视野狭窄，知识浅薄，能力低下，行之不远。

强调知识的关联性、跨学科性、跨文化性是大学学习的必然要求。没有这种知识的联系性和跨学科性的学习，肯定不是成功的学习。胡适曾经说过："读一书而已则不足以知一书"。一书不可能解释一书本身，一书只有在另外一书或多书的参照下才能获得较为准确的解释。自然界的"杂交"品种是最具优势的。知识的"杂交"也会带来优势的思想。

比如一部文学作品，没有其他理论"杂交"，没有其他文学研究方法的指导，是不可能做到很好的解释的。如果是学习文学的，就既要广泛地阅读文学作品，更要广泛地研读文学理论和其他相关的领域，如心理学、民俗学、文化人类学等研究方法的知识。大学学习的相关性是极其重要的。这种相关性本身就带来了知识结构的变化、思想观念的变化、思维方式的变化、研究问题方法的变化和研究能力的变化。

大学的学习，一方面是要自觉建构合理的知识结构——很多同学忽略了这个建构，另一方面是要用实践性培养把知识结构结合、融汇、贯穿在一起的能力。不然，就可能出现这种情况：或者结构是残缺的，或者是有了各种知识，但互不关联，不能相互兼容并包。

结构合理的知识结构，包括三个方面：一是本学科知识体系，二是相关学科知识或体系，三是用实践性使其得到贯通性的理解和实际能力的形成。比如文学，就不光要有文学理论方面的知识，还要有文化人类学方面的知识，精神分析方法的知识，以及原型理论方面的知识，等等。必要的知识结构在一起，才能有新的思考、探索与发现，也只有这样才能培养出较为宽泛的文学理念与研究方法。

有学者曾经说过："要善于把知识组织起来，纳入你的结构之中。"这就是说，组织知识是更重要的知识，没有知识是不行的，但是，光有知识而不会组织，没有结构性的知识结构同样是不行的。

四、大学学习的创新性要求

创新精神和创新能力的培养是大学学习的灵魂。不仅要学习常识，比知识积累更重要的是思想、学术见解、学术探索精神和学术创造能力的培养。不是重复常识，而是锻炼学术意识，这是大学学习的根本任务。中学学习并没有明确这个根本任务。但是很多同学是带着积累知识的惯性来学习的，这就忽视了学术思维习惯、学术探讨精神和学术创造能力的培养。

只是跟着老师学，不运用自己的脑袋思想的时代，已经一去不复返了。在一个强调思想创新的时代，还亦步亦趋地跟着老师学，肯定不会有所作为（比起那些不怎么学习的学生，当然这还是好学生）。高中时代形成了一种寻找"标准答案"的学习模式，但是到了大学必须改变这种寻找"标准答案"的学习方式。社会科学和人文科学中的学术研究是强调创新，而不是用一种统一的标准答案框范一切。

这里有一个不小的误区需要特别注意，那就是特别强调知识积累的问题。积累确实很重要，积累是打基础，基础当然越宽厚越好。但是，这里有一个问题：知识积累到什么程度为好？

知识并不是越多越好。知识越多越好，在一定范围内是真理，比如知识不多不够用的时候。但是，当达到一定程度，还无限制地强调越多越好，就会走向反面。知识的积累是有限度的而不是无限的。强调积累的无限化就会扼杀创造性思想。人的一生不是用来积累知识的，而是用来创造知识的。积累是为了应用和创造。

还有一个问题就是，在强调知识积累的同时，一定不要忘记，创造精神、探索精神、批判扬弃与发展的精神也是一种积累。创造思想不是一蹴而就的，一定是平时创造精神的爆发。长期积累，才能偶然得之。单单强调知识的积累，这种观念常常是以忽视或根本不注意创造性培养为代价的。打基础和创造的关系要处理好，打基础不光是死记硬背，不光是学习前人的知识，还有创造性思维的培养、创造力的形成等。这种积累也是创造精神的积累。养成创造性思维是极为重要的。学习不只是继承前人的精华成果，学习还要超越前人，有更大的发现与创造。

因而，要把学习和培养自己的研究性思维、学习和培养自己的创造精神、学习和培养自己的创新能力，贯穿于大学学习的始终。

五、大学学习的专业性要求

掌握专业体系知识和形成专业能力是大学最基本的学习。培养专业意识、专业兴趣，专业化地读书、专业化地选择学习内容是大学学习的最基本要求。但不是每个人都能实现得了的。比如学习文学的同学，有多少人在多大程度上是以文学专业——文学鉴赏、文学批评、文学研究的专业化角度在读书和讨论问题？

有一些同学显然还是把读书的范围、读书的层次、读书的兴趣停留在中学阶段，或等同于非专业同学读书的层面。我们应该时时记住我们是学什么专业的，应该不断地超越。

你的专业是一个学科或科学领域。这个专业领域有这个专业领域的体系、本质、规律、范围、特性等。你要从整体上把握它的体系，要深入到专业的内部中去，弄清楚各个环节、各个层面的问题，还要更为深入地研读各种具体问题。这些专业化的东西就是你的方向。

专业的整体性概念意识是很重要的。这就像现代建筑一样，现代建筑不是像过去那样，一部分一部分向上累加，即一块砖一块砖地构筑一个整体，而是先搞一个整体架构，然后对这个整体结构进行填充。先整体后局部代替了先局部累加后形成整体的建筑方式。这对我们的学习是具有启示意义的。现代的学习也应该有一个整体的概貌式的纵览，对整个轮廓或整个体系先有个基本概念，哪怕一个粗略的印象，然后才是逐步具体的填充、充满、丰富。

不能是上了一回大学，整个专业体系，专业特性、专业结构、专业问题都弄不清楚。当然，更不能是上了一回大学，没有形成必要的专业知识和能力。

应该建立这样的专业概念：没学懂专业体系、特性、基本知识的大学生不是合格的大学生；没钻研到专业内部去的大学生不是一个合格的大学生；没能解决一些基本专业问题的大学生不是一个合格的大学生；没形成专业能力的大学生不是合格的大学生。

一个专业不是靠专业的常识支撑起来的，你必须找到支撑你那个专业的理论基石。只有专业的常识积累，并且是只用于考试，而没有获得专业的整体性把握以及阐释能力，那不是合格的专业学习。只单单学习常识，而且只是用于期末考试考过即忘的常识，这种大学的学习方式，它把我们导向的是更浅薄、更狭隘、更平庸，而不是更深刻、更丰富、更渊博、更聪慧、更具创造性。

专业方向的打实打牢一个很重要的方法，就是自己摸索着研究一个问题。对这个问题的研究史有一个初步的浏览，对这个问题的最新动态有很好的把握，对这个问题相关的理论方法有清醒的认识，并深入的学习，就会很快进入这个问题的研究；而随着对这个问题的深入研究，慢慢就会进入这个学科领域。对问题的研究不仅导致能够深入地学习，而且还导致深入地研究了学术问题。学会了抓住某些问题的核心，抓住某些问题的"纲"，然后获得了"纲举目张"的境界。其实这是许多现代大学生都能做到的。我们没有做到不是因为我们智力和能力不行，而是压根我们就没做、没想做。

六、大学学习的个性化要求

形成自己的阅读和研究兴趣是大学学习最成功的标志。兴趣是最好的老师。对什么东西更感兴趣，就要集中精力、时间和热情全力去研究什么问题。研究兴趣的培养可以给我们带来学习的热情、学习的方向和学习的成就，甚至给我们带来了不起的创造。

国外一个哲学家说过这样的话：大多数人至死都不曾发挥自己的能力。他们生时带来万贯财富，却一贫如洗过完一生。这位哲人讲的是人的大脑，大脑的潜质、大脑的智慧、大脑的巨大创造潜能，这种潜能是无限的。这不是我们创造的，是与生俱来的。人类至今也没有完全彻底研究出大脑的潜能和创造的秘密。人是具有巨大创造力的。但是，我们很多人，并没有很好地开发我们的大脑。

开发大脑的方法可能有很多种，从伟大发明家的经历中我们可以总结出一种，那就是对某种东西的浓厚、痴迷的兴趣。从一些大学生上课之后没有事可做，不知道干什么，或者做的事与学习、与成才、与将来人生根本无关。没有兴趣就是没有主题，没有主旋律，没有"主心骨"，没有明确的理想和追求。

兴趣在于发现。你肯定对什么东西特别感兴趣，它还隐蔽着，没有彰显出来，你要发现它。这里指的是某种知识、学问等，不是游戏性的东西，比如电脑、手机游戏之类，或者是网络小说。自己对什么东西有兴趣，是一个发现的过程，要像科学家那样发现自己的兴趣，并且培养自己的兴趣。重视了你的兴趣就重视了你的不可替代性，就重视了你的创造性，就重视了你的发展。发现和培养是极为重要的。

除了发现、培养之外，还要把你的兴趣推向极致。学会放弃，学会把时间、精力、热情，甚至整个生命都投入到你的兴趣之中。如果有了这种境界，那就会获得巨大的成功、非凡的成就。放弃是成功的一个重要的前提。

我们不能对什么东西都没有兴趣。对什么东西都没兴趣，整个人生恐怕也就没有了兴趣。兴趣天生就有，儿童对什么东西都感兴趣，都要问一个为什么，都要刨根问底。当然，对什么东西都有兴趣，也不行。大学学习容易"平分秋色"，什么都想得到，但最后是什么都没有获得多少。大学其实最重要的是培养浓厚的兴趣。在最好的年华中，以那股"冲劲儿"冲上去。

兴趣也要靠长期积累，长期研究，长期思考，长期对某个或某些问题琢磨，恋恋不舍，必有成就。

没有兴趣就是没有个性，就是没有自己的优长甚至不可取代性。大家都一样那就是大家都平庸，那是很糟糕的大学学习。必须培养自己的兴趣、个性和不可取代性，并且把它发展到极致。

现在不少大学生什么都想"得"，想得到干部、得到荣誉、得到爱情，得到各种活动中的出头露面，得到各种各样的"秀"。但是，要想学得有出息，一定要学会"舍"。舍就是放弃，放弃就是选择，选择是以放弃为前提的。选择是极为重要的。物理学家爱因斯坦曾经说到他的一条使他成功的经验，就是选择："物理学也分成了各个领域，其中每一个领域都能吞噬短暂的一生，而且还没能满足对更深邃的知识的渴望。"爱因斯坦"学会了识别出那种能导致深邃知识的东西，而把其他许多东西撇开不管，把许多充塞脑袋、并使他偏离主要目标的东西撇开不管"。正因为选择了能够导致更深邃的东西，爱因斯坦创造了影响整个物理学界和整个世界的"相对论"。成功的经验和失败的教训，都应该迫使我们对选择有足够的思考，直至践行。

七、大学学习的实践性要求

把知识转变成能力是新时代大学学习新的标准。现代大学应该有一个新的学习的概念：没有转换成能力的知识是没有用的知识；没有对人生产生实际影响的知识是没有用的知识；没有为创造产生作用的知识也是没有用的知识。现代大学的学习应该在知识转换成能力上下工夫。因为，在这个时代，能力才是硬道理。

学习要密切联系实际。这个实际首先是从知识到能力，还不是社会实际。在大学学习太重视考试是不行的。但是大多数学生还是上课听老师讲、记笔记、考试前背笔记、考试答标准答案这个学习模式。不管哪些大学还实行这个模式，这个模式已经落后了。因为这个模式仅仅是书本上的知识，还没有转换成学生的实际能力。

问题是，大学中这样的学习模式还普遍地存在着。要有勇气，从那种统一的为了考试而背题库的学习模式中突破出来，为了培养能力而学习。

这里就有一个转换问题。中学学习，一般来说，还不那么特别强调知识向实践的转换，大学则完全不同了。在大学特别是今天的大学，必须实践性的去学习。不转化成实际能力的知识不是真知识，不转化为实际能力的知识是没有用的知识。

只注意表面的东西是不行的，要有真才实学。没有基本技能是绝对不行的，但是，只有基本技能而没有深厚的理论性知识也是绝对不行的。基本技能是基础，不能把它当成最重要的东西，更不是全部。要知道，思想、理论、能力、创造性素质等是更重要的基础。要是仅仅停留在基本功，就限制了自己的发展，要伸展到课本后面找到支撑课本、解释课本的思想源泉的东西，在那里汲取营养，并且把它们转换成自己的思想感情、思维方式、解读能力等，而且要能够持续不断地这样做。

八、大学学习的博精性要求

博而精者是最好的大学生。理想中的学者，既能博大，又能精深。精深的方面是他专门的学问。博大的方面是他的旁搜博览。为学要如金字塔，要能广大要能高。博是为了精,精必须建立在博的基础上。

现在的大学过分地强调大学教育为社会经济服务,过分地强调职业技能的培养,过分地窄化、专门化、职业化专业的特点,就势必削弱大学学习的思想感情、精神智慧和人格培养熏陶等方面。

从学生选课可以看出端倪。一部分学生选课不是选那些被公认的有深度有含量的课,而是选那些好过关的课,不抓不及格或少抓不及格的课。这样的大学你还能学到什么广博深邃的知识呢?

大学精神是看不见的东西,但在大学中,它应该无处不在,无人不在,无时不在,到处弥漫,处处让人感受到。比如北大,其"思想自由,兼容并包"对北大学子有怎样的巨大影响。对一个人来说,只上了大学,没有获得大学精神,或者在大学中没有获得广博的思想知识的熏陶,那就是不成功的大学学习。我们不能做"空心"的大学生。应该有广博的思想知识,除了学习专业,还应该有对社会的关心、责任感与使命感等。

还有,不少学生价值观有问题。到学校就想当干部,这本来无可厚非。但是,问题是,有不少当了干部的同学,满足于每天的忙忙碌碌,好像很充实,但是,在得到锻炼的同时,却是以失去广博阅读为代价的。更可怕的是,在忙忙碌碌中不仅荒废了学业,也养成了一种"行政性"品格,大学被非常可怕的"空心"化了。这种"空心"会影响将来的发展。

九、大学学习的问题性要求

成天被问题折磨得寝食难安的学生是最有发展前途的学生。没有问题的学习是最大的问题。因为学习的范围太有限了。你只知道记老师的笔记,只知道看发的那几种教材,只知道考前背诵老师的"题库",其他,你什么都没有。当然你就没有问题。

中学学习是未知的学习,大学的学习是对问题的探讨。"总得时时寻一两个值得研究的问题。"脑袋中没问题的学习不会是很成功的学习。问题是新思想新观念的前提。如果没有一两个问题在脑子里盘旋,就很难继续保持进取的热心,就不能思考,就不能阅读,就不能探讨。处在这样的状态,实际上,你的大学就已经停止了、结束了,或者说,如果你是这样的学习,你实际上还没有进入大学学习状态。早有学者告诫学生要带一两个麻烦而有趣的问题在身边,因为它是第一要紧的救命的宝丹。

怎样产生问题呢?第一是怀疑,第二是怀疑,第三还是怀疑。怀疑老师讲的,怀疑课本上写的，怀疑学者说的，怀疑以前的定义，怀疑新近的结论，怀疑一切。

在怀疑中阅读，在怀疑中思考，在怀疑中选择，在怀疑中探讨。正是在这个意义上说，怀疑是大学之所以为大学的最重要的东西。有怀疑才有批判，才有扬弃，才有发展。没有怀疑过的大学学习不是好的大学学习。

怎样怀疑呢？用什么东西怀疑呢？那就是你得有东西，你得博览群书，甚至有一个学贯中西、融汇古今的追求与气魄。虽不能至，心向往之，取法乎上，仅得其中，追求了，努力了，奋斗了，就必然会得到一些东西，必然会超越自己也超越他人。

十、大学学习的方法性要求

在大学学会学习方法比学习具体内容更重要。大学当然要学习许许多多的内容，但大学学习中最重要的仍然不是某种积累的内容，而是学会学习的方法，是在学习各种课程、读各种书籍、听各种类学术报告中学到一种学习的方法，思考的方法，研究的方法，而不是学习一些用于考试、考试之后就基本不用了的常识。学到一种学习方法就会自己学习了，就会终生受用。如果把老师比作渔夫的话，我们学生向渔夫要的不是鱼，而是网和用网打鱼的方法，在向老师和书本学习知识的同时，要学习方法，要建构适合自己的学习方法。学会学习的方法比学习具体知识更重要。

一个人应该是终身学习的。在大学没有学会学习方法，毕业了就很难自学，即使你对新知识如饥似渴，也会因为没有自学的方法而不能进行自学。因而，大学学会学习方法不仅对大学期间的学习很重要，对今后终身学习尤为重要。

还有一个反思性的学习方法。要每学期甚至每周都要进行反思和自测：我在做什么？我写下了哪些文字？我对什么东西最感兴趣？我读了哪些书？我的理想究竟是什么？我为这个理想做出了什么样的努力？我将来能做什么？我为将来做了哪些必要的准备？我到底取得了什么样的收获？我现在的学习和中学时的学习有什么样的区别？我与其他同学有什么样的差别？我的优势和不可替代性是什么？我有没有把知识转换成能力？我的大学是否在"空心"化过程中？阻碍我继续进步的主要问题是什么？我的学习有没有计划？本专业和相关专业的重要书籍我读了多少？我有没有新的理想？我有没有为这个新的理想奋斗？这种反思和自测是十分必须和重要的。

还有一个最重要的检测，那就是你的目标导向是什么？如果你的目标就是各科都合格，做一个合格的毕业生，那么，你就把最主要的学习目标放在了听课和考试背题上，而不能放开眼界进行丰富的自学，你的目标就把你导向一个平庸的大学生，这个平庸的学习很可能也就决定了你平庸的一生。做一个合格的大学生不是大学生最高的目标，最高的目标是做一个优秀的大学生。而且这里所说的优秀大学生，还不单是那种各科都拿优异成绩的大学生，而是指能够很好地完成了自学，系统地阅读了很多经典，形成了较高的实际能力和研究能力，并形成了自己的研究方法的大学生。

大学生并不缺少聪明才智，也不缺少激情，但是缺少远大理想和奋斗精神，还有就是科学的学习方法。我们的聪明才智被非常可惜地浪费了，我们的大脑被可怕地荒芜了，既没有得到应有的训练，也没有得到很好的开发，我们的激情和奋斗精神不大容易持之以恒，我们的远大理想也不大容易经受住时间的考验。大学生的成功有三件法宝，那就是远大理想、奋斗精神和学习方法。远大理想使你的人生有了前进的方向；奋斗精神使你的人生有了永不衰竭的热情；学习方法使你在理想的道路上飞得更高更远。

十一、"从游"：跟着大师学

有一个学习方法，叫"从游论"，是大学生最好的学习方法。

"学校犹水也，师生犹鱼也，其行动犹游泳也。

大鱼前导，小鱼尾随，是从游也。

从游既久，其濡染观摩之效，自不求而至，不为而成。

反观今日师生关系，直一奏技者与看客之关系耳，去从游之义不綦远哉！"

"从游"就是学生跟着老师"游"。"游"就是学，但这种学不是我们当下的老师讲、学生听与记笔记的学，而是学生跟着老师学，是"大鱼前导，小鱼尾随"式的学。其中包含这样几层意思：从老师的角度说，第一，老师要成为"大鱼"，给"小鱼"树立一个榜样。也就是说老师在学习、治学、学术研究的实践方面要给学生树立个样板、先例，起到示范作用；第二，以"大鱼"的游为"前导"带领"小鱼""从游"，并且给"小鱼"游出个样子。老师要带领学生进入知识的学习过程，特别是实践过程，在具体的研究过程中让学生看到你的学习过程和研究过程——老师怎样思考问题、怎样阅读、怎样解决问题等。

从学生学习的角度说，学习就不是那种只听老师讲、记老师讲的笔记，或者到期末背课堂笔记的学，而是跟着老师学。

第一，要像"小鱼""尾随"——跟着"大鱼"的"从游"。"从游"是以老师为榜样、跟着老师、模仿老师的样子、像老师那样的"游"。这就要认认真真、仔仔细细地琢磨、研究老师是怎样"游"的。要分析老师研究学问的立足点、思想资源、知识结构、研究方法、选题依据、完成课题的具体过程等。

第二，"尾随"不仅仅是在老师的后面看，而是跟着老师"游"即实践。老师怎样研究你就这样研究，老师读了什么书，你就读什么书，老师研究什么问题你就研究什么问题，老师运用什么方法你就运用什么方法，甚至老师怎样写作你就怎样写作。这就像中国旧式徒弟跟着师傅学习那样，有一个依傍、模仿、照葫芦画瓢的过程。但这个"从游"过程是一个深入到阅读、思考、研究和写作内部的过程，在这个过程中，深入到"大鱼"阅读的书籍中去，深入到"大鱼"的观念中去，深入到"大鱼"的知识结构中去，深入到"大鱼"的思维方法中去，深入到"大鱼"的研究过程中去，深入到"大鱼"的研究领域中去，深入到"大鱼"的广阔视野与深邃层次中去。在这个"从游"的过程中，你就会改变了思想理念、知识结构、学术视野、思维习惯和研究方法等，就不是原来听课的学生，而成了"小鱼"。"从游"之久会"不求而至，不为而成"。长此以往，你就会由"小鱼"长成了"大鱼"。"濡染观摩之效"就是这个效果。

第三，能不能跟着老师"从游"，"从游"得如何，你要经常反思、检讨和总结，你为什么没有成为"小鱼"，"小鱼"是目标导向，你距离这个目标的问题是什么，这就出现另一个导向即问题导向。你要用目标导向和问题导向衡量你的"从游"，这样就检查出了你的问题。只有检查出了你的问题，才能改变你的问题，使你更好地跟着"大鱼""从游"。

第四，要进入"小鱼"尾随"大鱼""从游"式的学习模式就要摆脱"看客"与"奏技者"的关系。"反观今日师生关系，直一奏技者与看客之关系耳，去从游之义不綦远哉！"简直就是针对当下老师与学生的关系。老师不是"大鱼"为"前导"领着"小鱼"游，而是站在讲台上的单边表演、演示、讲授，学生看不到"大鱼"的游，自己也就不知道怎么游。从学生这面说，也没有充分注意到作为"大鱼"的老师怎样的"游"。这话一针见血地指出了学习的问题，也一针见血地指出了改变问题的方法。应该明白，这"大鱼"，既是指我们自己所在学校的老师，更是指我们那个学科领域或相关领域的并不在我们学校的大师。

第二节 "慕课"改变大学生学习方式的优势

"慕课"以其独有的特点和优势给大学生学习生活带来显著变化，这一系列变化深刻地影响着大学生学习方式的转变。

一、学习时空界限被打破

传统学习在时间上是有限的，有固定的上课时间；传统学习在空间上是狭小的，局限在学校教室内。"慕课"打破了学习时空的界限，在全球任何一个角落，无论白天还是深夜，只要大学生拥有联网电脑，并有学习意愿，就可以根据个人情况进行学习，而且这种学习"还是移动的，可以走到哪学到哪，甚至可以反复学，十年二十年后再学"。"慕课"使大学生的学习内容由高校所规定的固定内容扩展到大学生感兴趣的灵活学习内容，进一步拓展了大学生学习的时间和空间，有利于大学生主动学习，促进大学生全面发展。

二、学习成为乐趣

传统课堂学习以教师讲授为主，所有学生面对的都是统一的学习内容和固定的学习进度，因此部分大学生对学习不感兴趣，不爱学习。"慕课"打破了传统课堂学习的局限性，通过动画、图形、影像、声音等多种信息媒体呈现教学资源，为学生提供思考、探究、合作和交流的平台。大学生可以根据个人的兴趣、能力、需要选择学习内容，按照自己擅长的方式学习，"慕课"学习能充分调动大学生兴趣、挖掘大学生潜能、活跃大学生思维，使大学生的学习成为一种乐趣。只有学习成为乐趣，大学生才会以一种轻松、快乐、享受的心态主动投入到学习中，大学生掌握的知识才能牢固，学习能力才能不断提高。

三、自主学习成为主流

自主性是影响大学生学习效果的重要因素。在传统的课堂中，教师是绝对的权威，大学生是被动的听课者和课程进度的跟随者。"慕课"学习中，大学生可以真正成为学习的主人，他们掌握着学习目标、学习内容、学习方法和学习材料的选择权和支配权。大学生可以自主设计符合个人需要的学习目标，可以按照学习目标以及各自的情况自主设计、合理安排学习活动，可以自由决定学习的时间和内容，可以选择灵活、多样、合作的学习方式，可以在学习中对自己的学习结果进行反思和评估，可以根据反思和评估的结果不断调整、控制学习活动的进程。"慕课"学习不仅能提高大学生自我约束、时间管理、独立学习、合作学习等能力，而且能使大学生真正成为学习主体，变被动学习为主动学习，使自主学习成为学习主流。

四、合作学习成为必然

在传统的课堂学习中，并不是所有大学生都能与教师进行充分的交流，与同学进行良好的合作学习。"慕课"为大学生合作学习提供了机会，在"慕课"平台上，大学生不仅能听到最优秀教师的讲课，而且可以邀请教师和学习伙伴对课堂上学习的知识进行讨论。另外，大学生可以在平台上直接提出自己在学习中遇到的困难，寻求他人的帮助。这种完全平等的网上合作学习与交流，增强了师生互动、生生互动，真正体现了以"学生为中心"的学习理念，使合作学习成为必然趋势。

五、学生参与学习成为可能

以往的广播大学、视频公开课等在线开放课程一节课长达四五十分钟，整堂课没有任何师生之间的互动交流，学生只能被动地听课。而"慕课"平台上都是 10 分钟左右的微课程，甚至有些微课程时间更短，这样能使大学生注意力高度集中。"慕课"在课程之间设置了进阶作业或小测验，大学生只有全部通过进阶测试才能继续学习。如果没有通过进阶小测试就要重新学习前面的内容，直到全部通过为止。"慕课"学习需要大学生全程参与，直接与教师和学习伙伴进行讨论和交流，能充分调动大学生学习的积极性和主动性。

第三节　"慕课"背景下转变大学生学习方式的途径

高校应充分利用"慕课"的优势，发挥各方面的积极作用，多渠道转变大学生单调的被动学习方式，形成自主、探究、合作等多样化的主动学习方式。

一、共享教学资源

大学生学习方式的转变需要各种教学资源的大力支持，只有合理搭建优质教学资源共享平台，多渠道、多模式共享优质教学资源，才能为大学生提供更多学习机会，更好地转变大学生学习方式。第一，全球共享教学资源。目前，越来越多的世界知名高校加入"慕课"平台，这些世界顶尖高校在"慕课"平台上共享自己最优秀的课程，为广大学习者提供涵盖各种文化背景和不同语言的丰富课程资源。全世界的优秀教师和专家也从不同角度提供相应的学习素材和教学指导，使世界上任何人都可以免费学习自己感兴趣的全世界知名高校、知名教师的课程，使优质教学资源全球共享和全民共享。第二，校际间共享教学资源。要真正实现校际资源共享需要充分发挥名校、名课、名师的作用，开放教学资源，变一校大学生受益为多校大学生受益。重点高校在学科建设上具有自己的特色，可以利用重点高校的这一优势，发挥重点高校对普通高校的拉动和辐射作用，在"慕课"平台上共享各自的优质课程，充分利用资源优势，加强校际间的优势互补，高校优秀教师应在"慕课"平台上共享自己的优质教学，加强教师之间的业务交流，互相取长补短，共同提高教育教学水平，促进专业发展。"慕课"平台还能使更多大学生领略优秀教师的风采，更好地掌握学习内容。第三，校内共享教学资源。高校应创造各种条件在校内大力开放教学资源，更新、完善教学设施，开辟渠道公开优质课程，使全校大学生在学习过程中都有机会使用学校最优质的教学资源。

二、引导学生转变学习观念

学生是学习的主体，大学生的学习观念直接影响学习方式转变的效果，因此，高校教师要引导大学生树立自主学习和终身学习的学习观念。首先，教师要指导大学生充分利用网络学习资源。教师可以向大学生重点推荐以"慕课"为主的网络学习，使大学生对学习媒介和学习环境持有认同感。大学生积极主动应用学习策略，充分利用学习资源，才能取得良好的学习效果。其次，教师要指导大学生明确学习动机。教师在教学过程中要激发学生的好奇心，使大学生主动进行探究学习。同时，教师应引导大学生形成较高的学业成就动机，"慕课"学习中大学生有更多提问和交流机会，比传统学习面临更大的挑战，大学生只有具有较高的成就动机，付出更多努力，才能完成学习任务。最后，教师要引导大学生成为学习的主人。教师应为大学生提供有效支持，以提高大学生的自主学习和自我管理能力，使大学生真正成为学习的主人。

三、创新教学方式

在学生学习方式转变的过程中，教师起着举足轻重的作用，学生的学习方式与教师的教学方式和教学观念密切相关。教师可以采取以下策略创新教学方式：首先，教师要转变教学观念。教师应树立科学的、与时俱进的现代教育教学观，充分认识到教学不仅要传授给大学生知识，而且要培养大学生发现问题、分析问题、解决问题的能力，使大学生形成正确的情感、态度和价值观，促进大学生全面发展。其次，教师要提升自己的教学能力。教师要提高教学认知能力、教学操作能力和教学监控能力。提高教学认知能力需要教师具有敏锐的观察力、丰富的想象力、良好的创造力；提高教学操作能力需要教师掌握确定教学目标、编制课程计划、分析教材、选择与运用教学策略、实施教学评价等能力；提高教学监控能力需要教师有意识地对教学活动进行监察、调节、校正、评价和反馈。再次，教师要选择适当的教学方法。教学方法多种多样，常用的教学方法主要包括以语言形式获得间接经验的教学方法、以直观形式获得直接经验的教学方法、以实际训练形式形成技能技巧的教学方法等。教学方法的运用要根据实际情况，选择最适合的教学方法，并加以创造性地发挥，教师可以将大学生"慕课"的在线学习与学校的课堂教学有机结合，做到先学后教。最后，教师要丰富教学手段。教师应在充分利用教科书、粉笔、黑板、挂图等传统教学手段的基础上，灵活运用各种现代化的教学手段，特别是在"慕课"迅速发展的背景下，教师更应将投影仪、幻灯机、计算机等现代教育器材作为直观教具丰富课堂教学，通过现代教学技术的应用使每个学生都能得到足够的指导。

四、重建师生关系

师生关系对大学生学习方式具有重要影响，在传统的师生关系中，大学生处于被动地位，这压抑了大学生学习的积极性、主动性和创造性。"慕课"背景下转变大学生学习方式，需要建立民主平等的新型师生关系。首先，教师要转变角色定位。教师要由管理者转为指导者，特别是在网络教育中，教师不是一个简单的知识传授者，而是一个联结已知世界与未知世界展开多样探究的"触媒者"，或是联结课堂内外世界之桥梁的"介入者"。教师作为一个"触媒者"或"介入者"，就要把学习的自主权交还给学生，培养学生学习的能力，淡化自己作为"判决者"的角色。其次，创设民主的学习氛围。在高校课堂教学和学习中需要形成互通、互促的和谐氛围，教师要热爱、关心、尊重和信任大学生，充分发扬教学民主，以自己的学识、才能、人格魅力去感染、影响大学生。大学生要在学习的过程中理解和尊重教师，主动参与学习。最后，转变交往方式。师生间交往方式应由"单向式"向"交互式"转变，教师和大学生以各自的情感、经验、知识和能力投入到教育和学习活动中，以民主、平等、合作的方式进行交往，师生相互影响和促进。只有在民主平等的师生关系中，大学生的个性才能得到张扬，创造性才能得到发挥，学习方式才能得到优化和创新。

第四节　慕课技术对学习模式的影响

自工业革命以来，技术在各个领域带来的突破性变革数不胜数，这种变革并不总是一帆风顺，相信互联网技术对学习的影响同样如此。在发展初期会有一段探路的过程，然后在某个局部领域，颠覆性地改变人们的学习模式。

一、慕课创新应用五大技术

催生慕课的技术并不新鲜，只是慕课在整合这些技术时做到了"因地制宜"，为达到"打破教育资源不平等，制作世界上最好的课程"这一目的做了很多优化。

第一，慕课改进了网络视频技术。早在 2004 年，Youtube 就将广泛的视频应用带到互联网上，早期公开课视频也随着 iTunes U、网易公开课等平台得到了很广泛的传播，但很少有人能真正坚持学习下来。为此，慕课在技术上做了很大的调整，不再是简单录制线下的实体课程，而是直接为网络课程准备内容。每节课程都由几分钟的视频片段组成，每个视频之间还穿插了很多小测验，用户可以随堂检验知识掌握情况。最重要的是，当视频出现在慕课上时，不再只是单向地播放，而是被安插了大量的统计代码，以研究每个用户的使用情况。根据 Coursera 在 2013 年 10 月的统计，虽然 Coursera 平台上的视频平均长度在 12 分钟左右，但最适合学习者集中注意力的视频长度为 21 分钟。

第二，慕课优化了论坛讨论。课后的网络论坛已经司空见惯，但慕课将网络论坛运用到每节课。比方说，在 edX 平台上，每个视频都有一个对应的讨论区，结合了 Quora 的顶踩机制，通过同学投票，可以方便找出优质问题和优质答案。并且，标签机制使讨论区的内容更结构化、模块化，使很多老师采用第三方论坛作为讨论工具。

例如，在 2013 年初 Coursera 的 Computational Investing Part I 中，老师运用到了一种独特的论坛讨论工具 Piazza，每个问题都采用了 Wiki 机制，可以不断更新版本，记录每个帖子的每一次编辑。据统计，问题的平均回应时间是 34 分钟，而 99% 的问题都得到了回复。整个论坛犹如一个巨大的知识库，大大拓展了课程知识的边界，丰富的论坛也成为慕课探索盈利模式的一种方向。

第三，慕课结合运用机器判分和同学互评。机器判分在理工科类课程中得到大量运用，机器甚至能够指出编程类作业中编码的不当之处。而在人文社科类的课程中，学生之间需要遵守一定的规则来互相评价。虽然互评者是系统随机匹配的，但每次评价都会从 3 到 5 个人的评分中取一个平均的分数来保证评分公正性，甚至会有其他人对你的评分做出评价。在 Coursera 的 Human Computer Interface 这门课中，利用这种方法得到的评分和老师本人对学生评分的相关系数可以达到 0.8。

第四，机器学习跟踪分析慕课数据。由于慕课课程参与人数极多，机器学习机制能够对大量数据进行分析，从一个人看过多少次视频，到一个题目有多少人答对。对于教师而言，通过这些反馈能分析出课程设置的问题。整个网络课程成为了一个可以反复修正的"电子课本"。而对学生而言，通过这些数据能分析自己的知识薄弱环节，更有针对性地学习。

第五，借力社交网络。社交网络作为课程传播的渠道和师生交流的辅助平台，也在慕课学习中起到了不小的作用。在传统的线下课程中，师生关系很难在学生数量和接触机会上得到很好的平衡，老师也很难真正和学生"打成一片"，但社交网络和社会化学习有助于达到这一目标。生活化的教育方式比课堂更轻松，传播效果更好……除了在文化上和学生贴近之外，在授课过程中，当学生提出一些较尖锐的评价时，教师也能马上予以回复。这样的教学相长，即使在线下也未必常见。

二、慕课用户的三大特征

第一，高教育程度用户更偏爱慕课。

第二，慕课中文用户更不在乎课程免费。

第三，不同年龄的慕课用户有不同的选课偏好。

三、慕课未来的技术演进

慕课更像一个实验性质的授课平台，由于在课程的每个部分都可以进行模块化处理，因此除了慕课平台本身的技术，大量的其他技术都可以嫁接在慕课平台上。未来，会有更多的技术在慕课之外独立发展，也有可能和慕课交汇，成为它的一部分。比方说，电子监控技术可能颠覆传统意义上的"考试"，个人长期学习数据分析可能颠覆"成绩单"。

一方面来说，或许现在远程监考的难度还是比较大，但未来一定会有更多人来探索网络证书的效力。GRE 已经实现了按前一部分答题情况，生成后面试题的出题规则。如今，Coursera 也开始利用摄像头、键盘敲击规律来判断是否是本人在考试。今后，随着技术的完善，远程作弊的情况将大大减弱。另一方面，慕课将解决问题、交流讨论、测试等行为都放到了线上，使得曾经必须通过长期观察或个人推荐才能得到的信息直接呈现在网络上。慕课的"成绩单"将不只是一个简单的"通过"或者分数，而是一个丰富的、和每个人的行为直接相关的数据报表。对招聘者而言，这些数据也能更好地判断某一应聘者是否适合这一岗位。

四、高新技术创造最好的学习时代

除了慕课，许多其他的高新技术也正在改变我们的学习方式。

过去，我们认为教育是学校的事情。而如今不论身处何方，我们都可以足不出户，获取全球最好的教育资源。技术变革了学习方式，我们迎来了一个最好的学习时代。

第五章　高校英语慕课建设需求分析

慕课是大学生获取教育资源的重要手段，在基础技能和文化意识培养上表现出较强烈的学习需求，因此将学生需求与教师观点相结合，优化"大学英语"慕课内容设计，才能真正提升"大学英语"慕课的质量和学习效果。

第一节　时代呼吁多样化的大学英语课程

随着基础教育课程改革的推进，大学新生，特别是重点大学学生的英语水平越来越高。因此，大学英语教学改革不能仍停留在（计算机网络支持的）教学模式的改革上，有必要对教学内容进行改革。根据国家外语教育战略，结合社会对学生外语水平的需求，综合学生的需求，有条件的学校应该开设多样化的大学英语课程，调动学生的英语学习兴趣，使其和部分专业的双语课程和全英语课程接轨。关于开设什么样的大学英语课程，业内学者主要提出了三个不同的方向：

（1）专门用途英语课程（ESP），ESP 可以分为学术英语（EAP）和职业英语（EOP），国内学者更多讨论的是开设学术英语课程（EAP）。

（2）分科英语课程。

（3）大学英语通识教育课程。

三个方向有共性也有差异，共性是都主张大学英语课程应该进行内容改革，差异在于前两者强调大学英语的工具性，后者强调大学英语的人文性。有学者提出"大学英语教学应该鲜明地提出工具性目标"。他认为"工具使用是显性的，素质教育是隐性的，在突出其为社会、为科技文化发展服务的同时，学习者的人文素质包括科学素质也会随之提高"。由于我国地区间差异大，各个学校的办学层次、办学条件、办学特色和人才培养定位也不同，ESP（EAP）、学科英语和通识教育英语作为多样化大学英语课程内容，都有其存在的合理性，甚至会出现三者并存的现象，各地区、各高校应视具体情况确定自己的教学内容。

一、重要概念区分

通用英语、专门用途英语（含专业英语）、分（学）科英语、大学英语通识教育、双语课程和（非语言专业的）全英语课程都是外语教育发展到一定阶段的产物。不过前四者学习的目的是英语语言，而后两者学习的重点则是专业，附带学习语言，强调专业课程的系统性。在我国，曾有一段时间通用英语、专门用途英语和专业英语出现并存的状况，但是随着社会的发展，目前专业英语逐渐被学术英语所替代。

由此，部分高校给学生提供三个阶段不断线的学习，即三阶段学习设置：通用英语学习阶段、桥梁课程阶段（ESP、学科英语或大学英语通识教育课程）和用英语学习专业（双语课程或者全英语课程）阶段。

专门用途英语是指与某种特定职业或学科相关的英语，是根据学习者的特定目的和特定需要而开设的英语课程。专门用途英语教学的四个特征：（1）需求上满足特定的学习者；（2）内容上与特定专业和职业相关；（3）词汇、句法和语篇上放在与特定专业、职业相关活动的语言运用上；（4）与普通英语形成对照。ESP强调开展基于学科内容的语言学习，在提高学生英语水平的同时，掌握一部分专业英语技能。可以将ESP细分为EBE（商务英语）和EST（科技英语），而EBE和EST又包含EAP（学术英语）和EOP（职业英语）。

由于EAP课程设置的目的不同，对学术英语的界定也有所不同。EAP是与某种特定职业和学科相关的英语，是以教授学术英语所需要的语言知识和技能为目的的语言教学模式，是根据学习者的特定目的和特定需求而开设的英语课程。学术英语课程又可分为基于内容的学术英语课程和基于技能的学术英语课程，有人把它解释为"是提供给学生的一种手段，以满足他们用英语学习专业课程的要求"；有人认为EAP是"正规教育制度中要求用于学习目的的英语交际技能"。EAP 包括专业学术英语和一般学术英语。学术英语是为了帮助学习者用英语从事学习、研究或教学这个特定目标而开展的英语教学（活动）。

综上所述，我们发现学术英语（EAP）具有下列特征：（1）EAP 内容可分为两部分：培养学生通用学术技能的一般学术英语（EGAP）和培养学生特定学科内容技能的专业学术英语（ESAP），类似于我国部分高校开设的"专业英语"。（2）EAP 课程的目的是"帮助学习者用英语从事学习、研究或教学这个特定目标"，为学习者以后学习用英语开设的专业课程打下扎实的英语语言基础。（3）EAP 学习者常常是成年人（特别是在校大学生），有一定的英语基础，学习的时间周期往往有限，学习的主题内容与学习者的职业背景（或即将从事的职业）有着一致性。

当前学术英语课程的开设主要有三种情况：（1）英语为母语的国家。随着越来越多的母语非英语的学生到英语国家留学，他们首先要解决语言难关，能够比较自如地使用听、说、读、写等英语基本技能完成专业课的学习。为此，这些国家的一些大学专门为海外学生开设了英语语言训练课程，在他们正式开始学习专业课之前，培训这些学生的英语语言，增强其适应性，为今后的专业学习作必要的语言准备。（2）英语为非母语但为官方语言或教学语言的国家。在这些国家，EAP 课程主要针对即将步入大学校园的学生。他们需接受一段时间的英语语言强化训练，提高英语语言运用能力，为他们今后在大学里的专业学习作必要的语言准备。（3）英语为外语的国家。在这些国家的高校中，所有的专业都用非英语的母语授课，对于这类国家的学生，英语只是作为一门语言课程来学习。随着双语课程和全英语课程的兴起，EAP 课程可以帮助学生打下较好的学术英语基础，为更好地学习专业课程服务。

专业英语就是用英语讲解比较浅显、通用、基础的学科专业知识，目的是帮助学生初步了解所修专业核心课程的英语表达方式的课程，提高学生阅读专业英语书籍、进行专业学术交流的能力。专业英语有自己的词汇特点、句法结构、篇章框架、特定的表达方式、特有的概念和理论。专业英语题材内容比较集中在某一学科，教材的专业性比较强，对教师的专业要求较高，但不及双语课程和全英语课程的要求高。专业英语不同于双语课程。专业英语教学双方都无须特别在意专业知识的系统性和完整性，其目的主要在于扩展学生在专业领域的英语词汇量，熟悉本领域的专业术语及特殊语法，掌握专业英语翻译技巧，为学生阅读英语文献资料和书籍打下扎实的基础。专业英语仍然是英语学习的继续与提高，不宜过多强调对专业知识的理解和掌握，与双语教学混淆起来。

分（学）科英语源于国外基于学科内容的第二语言学习课程，其目的是为了迎合大学生既想快速有效地学好语言又想提高学术技能的需求。二语学习者通过完成各种学术任务，学习一门或者多门不同学科的知识来提高和完善英语语言技能。尽管大类分科英语课程源于基于学科内容的第二语言学习课程，但两者又略有不同。大类分科英语与专业英语也不同，介于通用英语和专业英语之间，虽然也用英语教学，但内容偏向一般的学科知识，与专业英语相比，教材内容比较宽泛，选材内容具有粗放性，按照大文大理开设课程。题材既包含人文题材，也包含科普题材，学生可以从中学到不同学科的知识。教学目的就是培养学生的各种学术技能。对教师的专业性要求较低，一般大学英语教师经过备课后是能够胜任该课程的开设的。

事实上，分（学）科英语还是基本符合专门用途英语的基本特点的，只是分科英语强调大文大理的开课方式，有意识地降低课程的专业性，但是又不失专业英语的特点。

大学英语通识教育以培养国际视野下的跨文化素养以及提升学业和职业的竞争力为根本的培养目标。简单说大学英语通识教育就是给具备扎实英语语言功底的非英语专业大学生用英语为教学语言开设一批高质量的以世界各国（含中国）文化为内容的英语课程。对学生的要求则和学校层面上开设的通识教育课程基本一样，但降低了对经典文献阅读的要求。

双语课程就是用双语教学的课程。准确地说，双语课程是指除外语课之外的，采用外文原版教材并且外语授课课时达到该专业课程总课时一定量的课程，其目的是通过课程的学习在确保学生具备专业知识和能力的同时，培养学生的外语理解能力和应用能力。双语课程具备两大特征：第一，双语课程是用外语（在中国，目前主要是英语）进行非语言课程的教学；第二，双语课程的主要目的是学习专业学科知识，稳步提高外语。双语教学致力于培养全面发展的复合型和国际性人才。

全英语课程是指用英语语言给非语言专业学生开设的专业课程，可以说是双语课程的"升级版"，教师全程用英语授课，作业和评价也必须用英语完成。相比较双语课程而言，提高了对教师和学生的英语水平的要求。

EAP 的教学必须遵循以下三个原则：真实性、需求定向和以学生为中心。需求定向是首要的，是课程设置的第一步，要从国家战略、社会、学校和学生多个层面进行需求分析，根据学校的实际情况开设相应的课程，然后才能确定究竟是开设一般学术英语课程还是专业学术英语课程。同时，所开设课程的内容要尽可能真实，与学生的专业密切相关，以此激起学生的学习兴趣。

以学生为中心就要在教学中关注学生的语言学习，要选择能够使学生理解的规范的语言教学方法，帮助其形成有利的学习策略。教师除了是教学设计者之外，还应该是教材的设计者、学生的学习合作伙伴、教学研究者和评估者。

目前，我国的双语课程主要集中在经济类、信息类和医学类，以后还会逐渐涉及法律、生物工程、计算机、化工等专业。由于开课对象的英语基础不同，在这些专业开设学术英语要特别谨慎，必须调研清楚学术英语是否起衔接通用英语和双语课程（或全英语课程）的桥梁作用，再确定其必要性。有些高校许多专业既没有双语课程（全英语课程），又没有专业英语，学生大学英语的学习就停留在7~16个学分的通用英语上了，对这些专业的后续英语课程开设内容也需进行调研，具体问题具体分析。

关于开设什么样的学术英语课程，各学校要根据各自的校情来确定。专家指出，专业学术英语课程涉及规范的、学术型的、使用英语教学的不同学科专业，如医学英语、计算机英语、工程学英语等。一般学术英语开设学习者英语学习所需技巧课程，如英语听力技巧、速记技巧、学术写作、快速阅读、演说论坛技巧等等。

有学者将 EAP 教学分为三个层次：第一层是基础层，教学内容是"语言＋技能"；第二层是核心层，教学内容是"语言＋专业"；第三层是质变层，教学内容是"体裁＋应用"。分层教学模式是集英语语言、技能、专业知识、文化背景、应用能力学习为一体的开放式、多层次英语教学体系。该模式根据大学不同阶段对学习的不同需求，分别开设一般学术英语课程、专业学术英语课程和体裁能力应用课程。

ESP 课程的开设主要是为"对口专业开设的，如医学英语、新闻英语等，主要是开设适用面较广的、带有共性的课程，如科技英语、经贸谈判英语、计算机英语等，尤其是专业英语技能课程，如国际会议英语、报告陈述演示、科技论文写作、文献阅读与检索等。教材内容专业性不宜太强，但语言上要有代表性，尤其要有这个专业方面的常用词汇和一般科技文章的句法结构和表达方式等。练习编写不仅仅有专业知识的问答题，更重要的是突出英汉翻译和摘要写作等语言练习题"。开设专项能力课程，既能满足学生的需求，也有利于教师的优化配置和个性化发展。后续课程也可以是基于学术用途或者职业用途的专项技能训练课程。

有学者提出："EAP 是大学英语改革发展的一个方向，是大学英语基础教育阶段的延伸"。他认为我国 EAP 教学的内容应该主要包括"文体、学术写作、口语交际和学术文化四个部分。文体主要包括学术科技英语的词汇特点和篇章结构特征。学术写作主要指课后作业、试验报告和研究报告的写作，对于高年级的学生和研究生，还可以涉及论文的写作。口语交际旨在提高学生与学术听说能力相关的技能。学术文化的学习旨在帮助学生掌握英语文化中的表达惯例，理解中英学术文化之间的异同，更好地理解双语教材，并能写出符合英文学术规范的作业或文章"。

事实上，没有一个统一的纲要可以指导学术英语课程的开设，而且也不需要一个指导性的纲要，各个高校根据自己的师资力量、办学特点和办学需求制订学术英语课程开设计划，学校之间差异极大，没有可复制性。根据我国国情，本文将ESP的内容分为学术英语和职业英语两个大类。职业英语指的是和学习者的职业密切相关的英语，学习者所从事的职业需要什么英语，则学校（培训机构）提供什么样的职业英语课程，强调实践性。

EAP课程的授课方式可以与通用英语相同，但亦可不同，正所谓教学有法，教无定法。但相关研究发现，EAP教学中讨论课训练对于培养海外学生在异国文化背景里求学时形成新的学术文化意识是重要的，EAP教学在遵循常规的英语教学法之外，可以强化教学中的讨论（甚至辩论）活动，在思辨中求真知，在思辨中成长。

EAP的研究和课程开设起步较早，到目前已经比较完善，在我国几经波折后，又重新受到人们的重视，并有可能成为大学英语后续课程的主要方向之一。起先我国有些高校开设了科技英语（即现在的学术英语），但后来又被取消了，一方面是当时大多数学生的英语基础较差，另一方面也与师资短缺等因素有关。现在随着基础教育课程改革的推进，我国大学生的英语水平稳步提高，许多大学英语老师富余，重提学术英语作为部分高校的大学英语后续课程的时机已经成熟。但是学术英语迟迟不能进入学生课堂的原因众多，有业内人士指出"制约大学英语教学由基础英语向专业英语教学逐渐转移的因素是多方面的，其中包括听力培养的首要地位、英语考试热、大学英语基础论、素质教育指导思想、大学英语教师知识结构以及利益驱动等六个方面"。除了上述六个原因外，教材也是一个非常重要的方面。目前EAP教材较少，EAP教材可以引进国际原版教材，也可以由出版社组织有经验的老师自编并出版高质量的EAP教材。

有充分的理由认为EAP教学将是我国大学英语教学改革的主要方向之一，在各种模式和策略的指导下，我们应该不断地探索和尝试，走出一条新的道路。每个大学有自己的办学特色，各个学校要根据自己的特点选择开设课程，更好地为学生服务，为社会服务。

通过建设多样化学术英语慕课，全国共享，给学生提供个性化的选择，不再是梦。考虑到每个学校的师资力量不同，很多高校给学生开设的课程是与本校的师资力量挂钩的。通用英语占非常重要的地位，主要原因是国家教育部对大学英语的要求。随着《大学英语教学指南》的出台，开设多样化的大学英语课程已经是趋势，大量大学英语慕课已经上线，还有更多的大学英语慕课正在准备上线。高质量、多样化大学英语慕课的上线共享，给各个高校多样化大学英语课程开设奠定了坚实的基础，即使是普通本科院校也可以通过优质慕课，实现本校多样化的大学英语教学。

第二节　大学英语后续课程设置：学生需求分析

在课程设置方面，要求各高等学校根据实际情况，各校的大学英语教学目标设计出各自的大学英语课程体系，将综合英语类、语言技能类、语言应用类、语言文化类和专业英语类等必修课程和选修课程有机结合，确保不同层次的学生在英语应用能力方面得到充分的训练和提高。"大学英语教学的主要内容可分为通用英语、专门用途英语和跨文化交际三个部分，由此形成相应的三大类课程。大学英语课程由必修课、限定选修课和任意选修课组成"随着基础教育课程改革的推进，基础教育阶段英语教学改革成果逐渐显现，大学生英语入学水平有所提升，特别是听说能力；同时，随着高校数字化校园建设的逐步完成，学生英语语言学习环境发生了根本性的变化，大量的优质数字资源，特别是慕课、微课资源，触手可得。数字时代学生不同的学习方式给大学英语教学改革带来了极大的冲击作用。

目前我国大多数普通本科院校大学英语课程实际上仍然以通用英语为主，通常分为大学英语读写译（也叫综合教程）和视听说两门课程。限于师资，很多高校没有开设诸如ESP课程、学科英语和大学英语通识教育课程，而这些课程对学生的英语学习起着承前启后的作用。ESP涉及的面非常广，可分为ESS（科技英语）、EBE（商务英语）和EST（社会科学英语）三大类，这三者从学术和职业的角度又分别被细分为相应的学术英语（EAP）和职业英语（EOP）。而且，这三大类还能够继续细分下去，这里不再赘述。

第三节　大学英语后续课程设置：教师观点分析

随着社会进步，信息技术的迅猛发展，我国中小学办学条件得以迅速优化，基础教育改革成果初现，我国大学英语教学面临全新的挑战。一方面，随着教学条件的改善，教学理念的更新，参加新课改的学生英语水平有了较大提升，特别是听说能力有所增强。以词汇标准为例，普通高中英语课程标准（实验）版对第九级（最高级）英语语言知识目标描述为"学会使用 4 500 个左右的单词和一定数量的习惯用语或固定搭配"，就词汇而言，高中阶段英语教学的最高要求和大学阶段英语教学的一般要求已经非常接近，这意味着优秀的高中毕业生基本上已经达到了"一般要求"。各高校要"根据国家外语教育战略，结合社会对学生外语水平的需求，综合学生的需求，有条件的学校应该开设相应的后续课程，调动学生的英语学习兴趣，使其和部分专业的双语课程和全英语课程接轨"。

一、大学英语后续课程和选修课的区别

本文"大学英语后续课程"泛指各高校在完成大学英语基础阶段（必修课程）的教学后给学生开设的基于英语内容的大学英语课程。后续课程不同于"三、四年级的提高阶段"的英语课程，而是一个过渡性名称，是目前我国大学英语课程体系变革过程中临时存在的名称，由于受诸如学生差异、师资、教材和拓展资源等条件限制，在我国不适合进行全国层面"一刀切"课程体系变革的前提下，各高校根据自己的办学理念以及人才培养目标定位等因素因时因地因校制宜对大学英语课程进行调整时暂用的名称，课程内容因高校办学定位和人才培养目标等具体情况而定，一般为专门用途英语课程（ESP）、学术英语课程（EAP）或者比较有特色的人文素养类课程。

本文所指"大学英语后续课程"与英语选修课/拓展课不同，主要区别在于：

（一）课程面向群体不同

选修课程是面向全校学生开放的，学生凭兴趣爱好参加的英语课程，但后续课程则是结合各专业人才培养标准，根据专业需求开设，是每个学生在修完通用英语后必须学习的大学英语课程。后续课程内容和现存的大学英语有所区别，但是仍然属于大学英语课程

体系。

（二）课程类型不同

大学英语后续课程属于学生的必修课，而选修课是学生凭兴趣修读。根据调查发现，78.8%的学生认为后续课程应该为"必修课"。

（三）开课时间不同

大学英语后续课程必须紧接着通用英语课程（即基础阶段英语）开设，后续课程建立在通用英语基础上，一般在学生入学后的第三至第四学期开设，个别高校甚至可以在第二学期开设。选修课的开设与通用英语开课时间没有任何关系，选修课面向全校学生开放，任何学生只要有时间，对该课程感兴趣，均可以选修该课程。

（四）课程内容不同

后续课程的开设必须严格按照各个专业的人才培养方案设置课程，主要考虑特定专业的学生需求。选修课则是教师根据自己的兴趣爱好和学生需求面向全校所有专业学生开设的课程，一般不为某一个专业服务（某些大学有专业限选课和专业必选课之说）。

此外，大学英语后续课程也不同于各个专业开设的双语课程和全英语课程。双语课程和全英语课程的共同特点是其重点均是专业知识，英语只是传递知识的媒介。但大学英语后续课程的目的仍然是培养学生的英语基本功，其目的是为双语课程和全英语课程打好基础，是通用英语和双语课程/全英语课程之间的"桥梁课程"，为学生就业服务，为其他特定目的服务。

二、启示意义

（1）开设多样化的大学英语课程是实施因材施教，提升高等教育质量的重要途径之一。随着我国对外开放的进一步推进，国际合作越来越密切，社会分工越来越细，各个岗位对外语人才的需求有所不同，目前我国按照统一课程标准实施大学通用英语教学，课程的人文性远远大于工具性，对于毕业后走向企业的学生来说，不利于按需培养企业所需人才；对于攻读硕士博士学位的学生来说，不利于培养他们的学术英语能力。此外，我国的学校英语教学从小学就开始（0~3年不等），持续到大学，学生学习英语的时间长达8~11年，就人文性而言，在小学和中学阶段学生已经通过英语接触了大量的外国文化，而目前大学阶段通用英语尽管强调兼顾人文性和工具性，但仍然偏重人文性。根据专业特点，开设适当课时的大学英语后续课程，根据学生需求，因材施教，有利于学生的专业成长和职业生涯发展。慕课的兴起，使教师担心的师资问题迎刃而解，众多国际慕课和国内自建慕课给我国大学英语后续课程建设（专门用途英语、学术英语、跨文化交际英语等）带来了机遇，各个高校可以依托国际慕课和国内自建优质慕课实施基于慕课的混合式教学改革，建设线上线下相结合的混合"金课"。各个高校完全可以基于慕课，重构大学英语课程体系，按需给学生开设大学英语课程。

（2）开设多样化的大学英语课程有利于大学英语教师专业成长。通过开设大学英语后续课程，建设基于内容的大学英语慕课（通用英语慕课、专门用途英语慕课、专业英语慕课、跨文化交际英语慕课等），可以拓展大学英语教师的研究领域。此外，若是能够开展专业教师与大学英语教师合作，共同建设大学英语慕课，也是一个全新的研究与实践视角，可以在教学质量和科研水平上提升自己。

（3）建设基于内容的多样化大学英语慕课，可以满足学生个性化的大学英语学习需求，为学生的终身学习奠定基础。随着慕课的兴起，国际名校名师的名课程对学生吸引力很大，现在的大学生可以按自己的兴趣选择任何一所国际知名大学的免费慕课，与世界上其他地区的学生一起学习这些课程。慕课的兴起，使学生免费学习高质量全英语课程成为现实，特别是英国文化协会即将在 FutureLearn 上推出的大规模免费英语课程，向全球学习者提供英语课程（乃至雅思培训），满足了学生浸入在高质量英语课程中学习的需要。根据果壳"MOOC 学院"的一项调查，55%的学生认为"语言障碍"是阻止他们完成慕课的主要原因之一，和"毅力不足"（55%）并列排行第二，仅次于"时间不够"（59%）。显然，很多学生学习国际慕课还有一定的困难，故全国统筹建设基于内容的大学英语慕课，实施混合式教学，在某种程度上也可以帮助学生奠定终身学习的基础。

（4）依托国际慕课，开展大学英语课程师资培训。国际慕课给我国多样化大学英语课程的开设、师资培训和教材建设提供了前所未有的机遇。同时，教师也可以通过优秀慕课进行自我职业培训。由于国际慕课所有课程资源向社会共享，教师可以借鉴慕课教学组织形式及教学内容安排形式，建设数字化教材。我国亦可以考虑建设大规模 ESP 师资培训慕课，教师可以根据本校的实际情况开发本校大学英语慕课资源，学生亦可根据自己的需求选择适合自己的他校慕课资源进行学习。此外，研究发现，与专业老师进行 ESP 教学相比较，学生更加满意英语教师进行 ESP 教学。通过相关培训，通用英语教师可以成为优秀的 ESP 或者 EAP 课程教师。但是如果教师不下功夫钻研教学，则事倍功半。此种情况，不乏国际案例，如国外某大学尽管开设了学术英语（EAP）课程，但是"EAP课程的质量与学生的期盼相距甚远，学生在学术领域和职业领域实践时显得捉襟见肘"。

此外，我们必须认识到，多样化的大学英语慕课也不是万能药物，不一定能够激发所有学生对英语的学习兴趣。很多大学生对大学英语课程不感兴趣，对多样化的大学英语慕课可能照样不感兴趣。我们能够做的就是举全国之力建设尽可能多的高质量的、多样化的大学英语慕课，从而满足大多数学生对大学英语课程个性化的需要，同时开展个性化的混合式教学。

第六章 英语语言类慕课建设核心要素分析

本章将重点阐述英语语言类慕课建设核心要素内容，其中包括对教学视频、教师出镜方式及教师话语分析、学习评价设计、学习支持设计等内容进行分析并且提出优化建议。

第一节 教学视频、教师出镜方式及教师话语分析

随着我国教育信息化进程的推进，数字化外语教材的建设，慕课、翻转课堂、VR 教学、远程学习、在线学习等相关概念的涌现，近几年，教育部连续颁布了多个加强在线教育的重要文件，这些文件的颁布是教育部审时度势，致力于加强教育信息化，实施信息化教学的重要举措。我国已经建成了数万门慕课，慕课已经对我国高等教育产生了深远影响，而教学视频则是慕课最核心的内容之一。教学视频整合了各种类型的资源，具有生动形象、隐性知识显性化、多模态等一系列特征，是教师传播知识的载体，也是慕课教师与学生面对面交流的重要环节。

目前国内外学者针对慕课教学视频的研究主要集中在四个方面：（1）教学视频的设计、制作与开发；（2）教学视频的分类；（3）教学视频的时长、视频讲解语言/语速等因素对学习者的学习行为、学习效果或学习参与度等的影响。

关于慕课教学视频中教师形象的研究较少，目前学界针对教师形象对学习者的视频学习效果持两种观点：（1）对参与度无影响，且增加了学习者的认知负荷，会干扰学生对视

频中其他知识内容的学习；（2）教学视频能强化教师与学生之间的联系和交互性，督促学生进行深度学习。例如：有学者运用眼动追踪技术，从认知心理学的层面探讨"三分屏"网络课程中教师出镜方式对学习者的信息加工、认知负荷和学习效果的影响，发现教师出镜使学习者对 PPT 内容的注意力减少；动态教师信息比静态 PPT 信息更容易受到关注，但并没有对学习者的学习效果产生显著影响。此外，通过专家的实践研究也发现，教师的形象对学习者的学习效果并没有显著影响，但学生对于有教师出镜的教学视频的学习积极性更高。专家们经过研究发现，学习者观看有教师出镜的教学视频之后的学习效果显著优于无教师出镜的教学视频。有学者认为，教师出镜能够增强视频教学的代入感，使学习者获得接近于真实课堂的学习体验。由此可见，关于教师出镜方式对学习者的学习效果是否存在影响这一问题的研究依然存在一定的争议。

鉴于此，本节以 FutureLearn 和 Cousera 两大慕课平台上的 10 门语言学习类慕课教学视频为例，从教师画面、教师话语速度、教师话语的句法复杂度三个方面探究慕课教学视频的特征，以期为我国慕课资源建设提供参考。

一、研究对象

研究者在选择慕课视频时主要关注英语语言类慕课，包括文学、语言与文化、语言学习技巧、教学、写作等类型，共 10 门课程。

通过分析这 10 门慕课的教学视频发现，有的慕课视频并不是始终有教师出现，因此，在分析慕课教学视频中的教师画面特征时，主要以有教师出镜的教学视频为研究对象，共 141 个视频；而在分析教师话语的语速和句法复杂度时，由于一门慕课课程可能由多位教师共同讲授，本节仅随机抽取每门课程中的同一位主讲教师的讲授话语为研究对象。

二、研究方法

视频内容分析。本节分析了 141 个视频，旨在探索教师出镜方式及特征，如教师位置、教师画面大小、教师授课语速、教师话语复杂度等。

三、研究过程

（一）教师出镜画面分类

本研究对 FutureLearn 和 Coursera 两个慕课平台上有教师出现的教学视频（共 141 个）

进行了归纳分析。结果发现，这类教学视频大致可分为两类：合成类和实拍类。

1. 合成类

"合成"指采用剪辑、抠像等视频后期处理效果，将录制好的教师讲课镜头与课件（包括 PPT、电脑录屏视频、电影镜头画面等）组合在一起的慕课制作方法。

在此类慕课教学视频中，教师画面与课件可共用同一背景颜色或以课件为背景色且教师通常采用上半身出镜的方式，占据整个视频画面的大部分空间，并辅以手势、面部表情等多模态符号进行课程讲解，而课件多起提示、说明、补充等作用，以使视频更完整。

2. 实拍类

"实拍类"慕课教学视频指运用镜头对授课活动、场景进行实录，教师实景出镜与 PPT 录屏等多种形式交替出现。根据镜头是否变化，此类教师画面可分为镜头固定式教学视频和镜头转换式教学视频。前者主要指采用镜头对相对固定的授课场景进行实录，采用的摄像机镜头几乎不发生转换，如对教室上课情景的拍摄、对一位或多位教师访谈的拍摄。课堂场景拍摄时，教师画面为辅，黑板上呈现的内容、PPT 或录屏内容为主，而访谈时，教师画面为主。后者多指采用长镜头对空间场地较大的场景进行多角度的拍摄。上述两种实拍类视频可单独组成慕课教学视频，也可与电脑录屏等形式交替呈现来组合成教学视频，且教师画面占整个视频的大部分空间。

（二）教师画面特征

在分析 FutureLearn 和 Coursera 两个平台教学视频中的教师画面的基础上，本研究从教师位置、教师画面大小、画面色度三个方面归纳总结 141 个教学视频中教师画面的特征。

1. 教师位置

不同的教学视频中，教师的位置会有所不同；同一教学视频中，教师的位置也可能在不断变化。视频分析发现，FutureLearn 和 Coursera 两个平台上的教学视频中的教师位置可分为：左、中、右，且教师画面位于中间的视频数量最多，占教师视频总量的90.2%。处于视频中间位置的教师画面能够突出教师的作用，但是长时间使用该构图模式易造成学习者的视觉疲劳和学习倦怠，影响学习效果。

2. 教师画面的大小

教师画面在教学视频中的比例与视频的场景有关。常见的视觉场景包括远景、全景、中景、近景和局部特写。其中，远景呈现的空间范围较大，可用于展示环境的全貌；全景一般用于呈现人或事物的整体形象；中景常用于展现人体膝盖以上部分或景物较大的局部画面。本研究所选择的 141 个教学视频，只有实地拍摄类课程的场景是不断变化的（如由远及近、由近及远等），其他教学视频中的教师画面的大小基本不变，场景也缺乏变化。

（三）教师话语分析

1. 教师话语速度

教师话语是"为了便于学生理解，教师在形式和功能上经过调整的话语"，在组织教学活动和引导学生知识习得的过程中起着重要作用，是外语学习者获得可理解性目标语输入的重要渠道。"教师话语在形式上的调整主要体现在语速、词汇、句法复杂程度三个方面；在交际功能上的调整主要包括师生互动中教师对话语的管理和对交际问题的弥补。"慕课课程主要以视频的形式呈现教学内容，几乎不涉及面对面的师生间直接的互动。鉴于此，我们主要探究了 FutureLearn 和 Coursera 两个慕课平台上教师话语的语速和句法复杂度特征。

我们在统计教师话语速度时，主要统计分析教师的平均语速。对于一般教学视频来说，平均语速指将教师话语间的正常停顿计算在内的话语速度，而教师留给学生进行讨论、思考、展示成果等的时间，以及教师朗读诗歌、引用他人音视频的时间均不计算在内。FutureLearn 和 Coursera 慕课平台为学习者提供了针对每个教学视频内容的 PDF 或 Word 版文本，可运用 Word 和 Excel 功能采集话语速度。本研究在统计教师话语速度和句法复杂度时，从 10 门课程中分别随机选择一节视频作为研究对象。

不同课程之间的语速存在较大差异，FutureLearn 平台课程最快语速达到 214 词/分钟，最慢的则为 132.3 词/分钟，平均语素为 171.12 词/分钟。Coursera 平台课程最快语速达到 270.2 词/分钟，最慢的则为 160.3 词/分钟，平均语速为 210.92 词/分钟。两个平台平均语速为 191.02 词/分钟。FutureLearn 和 Coursera 两个平台主讲教师教学语速存在明显差异，且只有一位教师话语速度低于 150 词/分钟，其余均在 150 词/分钟以上。

有学者测试了不同外语水平的学习者对同一篇文本的三种语速（200 词/分钟、150 词/分钟和 100 词/分钟）的表现。研究发现，对于中低水平的学习者来说，150 词/分钟是"门槛语速"，即超过这个语速的教师话语会给语言学习者的理解造成障碍，但低于这个语速则不会。而对于中高级水平的学习者来说，200 词/分钟是门槛语速。该实验也证实：教师话语速度并非越慢越好。FutureLearn 和 Coursera 两个平台的慕课是面向来自不同国家、不同语言水平的学习者开放的，教师话语速度对学习者的学习效果具有重要影响，尤其是母语非英语的学习者。抽取的 10 个教学视频中，只有一位教师的语速低于150 词/分钟，有四位教师的语速高于 200 词/分钟，其中一位来自 FutureLearn 平台，三位来自 Coursera 平台。整体来看，对于中低水平的语言学习者来说，FutureLearn 平台的教师话语速度适中，Coursera 平台的教师话语速度偏高；而对于中高水平的学习者来说，FutureLearn 平台的教师话语速度稍慢，Coursera 平台的教师话语速度适中。教学是一门艺术，慕课中教师的语言更要讲求语调抑扬顿挫，千变万化，激发学生的学习兴趣，尽可能降低学生学习的倦怠感。

2. 教师话语句法复杂度

我们通过分析教师话语中每个句子含有的单词数量，即 MLS 参数来考察教师话语的句法复杂度。计算时，主从复合句按照一个句子来统计，由 but、and、or 这类并列连接词连接而成的并列句按照多个句子来统计，可见，两个慕课平台的教师话语的 MLS 差异不大。

研究表明，正式语境中教师话语的 MLS 高于非正式语境，如本族语环境中，辩论话语和教师话语的 MLS 均为 15.1 词/句，非正式谈话的 MLS 为 9.5 词/句。FutureLearn 和 Coursera 两个平台教师话语的平均 MLS 分别为 12.5 词/句和 13.3 词/句，均未达到本族语者在正式谈话场合中的 MLS，且两个平台中分别只有两个教师的 MLS 达到平均值，说明 10 门慕课中 60% 的教师的 MLS 低于平均值。这些数据说明，两个慕课平台的主讲教师均刻意降低了话语复杂度。

专家对 15 个第一届中国外语微课大赛获奖作品教师话语的调查发现，15 位教师的 MLS 平均值为 9.17 词/句，且近 50% 的教师低于平均 MLS，专家们认为获奖的微课教师话语的结构过于简单。FutureLearn 和 Coursera 平台的慕课课程教师话语的平均 MLS 远高于中国外语微课大赛获奖作品的平均 MLS，但与获奖微课作品的教师话语的 MLS 情况一样，也有一半以上的教师的 MLS 低于平均 MLS。教师的教学，无论是在线还是传统课堂，唯一不变的是"变化"，语速要变，语音和语调要变，句子的难易度也要变，这样才能动态吸引学生关注教学内容，而非千篇一律，千万不能"以不变应万变"。

四、研究启示

本节以 FutureLearn 和 Coursera 两个慕课平台共 141 个教学视频为研究对象，从教师画面的分类、特征以及教师话语的速度和句法复杂度等方面分析了国际语言类慕课视频设计的特点。研究发现，两个慕课平台教学视频教师出镜方式均可分为合成类和实拍类，教师多出现在教学视频的中间位置，且位置基本不变；两个平台的教师话语速度和句法复杂度不存在显著差异，且相较于本族语者，两个平台教学视频中的教师话语在速度和句法复杂度上均有所降低。研究也发现，被调查学生普遍认为教师出镜更能够激发学习兴趣，喜欢中景或者近景教学，他们认为教师手势语言越丰富越好，应该根据不同的内容来确定教学场景，而非采用某一种单一的拍摄方式。调查同时发现教师的发音和语速会影响学生的学习体验，语速不宜太快，也不宜太慢。

国内的教学视频也存在类似问题，教师在制作微课和慕课等教学视频时存在找专业拍摄公司制作视频，主要通过抠像的方式，很多主讲教师没有肢体语言，显得非常拘谨。为了提高拍摄速度，采用了播音员用的提词器，主讲教师全部注意力集中在提词器上，完全失去了传统课堂生动的肢体语言，语速几乎是同一个语速，语调也不敢随意变换，其结果就是学生在学习慕课时很容易产生倦怠感。大学英语教师在录制慕课视频时要设法争取多样化的出镜方式，有意识地调整讲课语音和语调，把控好语速和句法复杂度来提升教学视频质量。

第二节　学习评价设计

慕课作为一种大规模、开放的新型网络教育模式，秉承了传统教学的理念和方法优势，同时也适应了个性化教学发展的要求。慕课提供丰富教学资源及交互性论坛、学习社区，基于学生为主体、教师为主导的教学理念，吸引了大规模的学生参加。慕课充分利用基于网络的各项技术，如视频授课、计算机自动测评、在线交流论坛等，使成千上万的学习者能在同一课程内免费运用课程资源、接受形成性和终结性测评，并获得学习支持。

国际慕课通过营造全英文学习环境、提供经典学习资源、实施师生在线交互和生生在线交互，来提升教学质量。大学英语慕课既有利于学习者共享优质学习资源，开展个性化自主学习，又有利于他们"拓展国际视野，强化语言优势，突出应用"，因此将大学英语教学资源建设与慕课结合无疑是大势所趋，也是我们面临的一项重要任务。

慕课建设为各个高校共享教育资源提供了新的途径，也为信息技术支持下的教育变革提供了新的思路。但是，对于慕课建设来说，其中两大难点便是教学设计与学习评价。由于参与慕课学习的学生规模巨大，授课教师评估每个学生的学习情况所需要的时间和精力难以想象，因此，慕课的学习评价设计显得至关重要，缺乏有效的学习结果评价和反馈将会严重磨灭学生的学习积极性与课程参与度。如何创建新的学习评价模式和相应的体制机制，提供和加强对不同类型、层次学习者个性化的过程评价和学习导向、服务，同时减少教师的负担，如何维持学习者持续、稳定的内在学习动力，如何在没有学分、学籍等外在因素的约束与激励的条件下，提升课程完成率和吸引力等都是慕课持续发展必须要解决的难题。

目前，以 edX、Coursera 为代表的慕课逐渐形成了系统自动评价、同伴互评、自我评价等多元评价方式相结合的发展趋势。xMOOC 的学习评价方式主要有（1）嵌入式问题：在视频课程播放过程中或在播放结束后呈现若干与视频讲解的内容相关的问题；（2）家庭作业：独立于视频课程之外的练习题；（3）单元测试、周测试；（4）期中考试、期末考试；（5）论坛参与情况：统计学习者参与论坛讨论的次数、发布或回答问题的质量等；（6）视频课程浏览状况。国际一流慕课平台 Coursera 和 FutureLearn 汇集了全球一流高校教师开设的慕课，对上述慕课平台的学习评价进行研究对我国大学英语慕课建设具有重要意义。

一、国际慕课学习评价经典案例分析

为了全面了解国际慕课学习评价设计，本节选择了 Coursera 和 edX 两个平台中的部分英语语言课程作为研究对象。本研究共选取了 10 门比较受欢迎的英语语言类慕课作为研究对象进行分析，这些课程的内容涉及英文写作、英语语音、英语语法、英语教学、学术英语等。研究者以学习者身份参与两个平台中所有已开放的英语语言类课程，分析了每门课程的学习评价方式。

（1）English Composition Ⅰ：该课程是在 Coursera 平台上开设的一门英文写作课，它的学习评价方式由系统自动评价、同伴互评及自我评价构成。其互评设计非常成熟，限于篇幅，在此处只是做了简介。

我们先看该课程的互评作业设计：要求就给定的内容写一篇 300～400 字的评述并做同伴互评。学习者需要根据指令在截止日期前完成评述并提交，随后每个学生需要根据评价从多个维度对另外三个学生的作业进行评价并打分，该板块作业的成绩便为同伴互评所给出的分数。

论坛讨论：根据提示回答问题。如：发表关于写作项目的问题和评论，属于学习者自我评价模块，不计入最后的总成绩。

自我反思：一般为简答题或写作题。此项为系统自动评价，学生需达到所要求的分数才算通过。

（2）Tricky American English Pronunciation：该课程是在 Coursera 平台上开设的一门美式英语语音课，它的学习评价方式为系统自动评价及同伴互评。

该课程的学习评价包括测验，如对知识点的前测、知识点讲解后的练习测验和每周的分级测验。题型为多项选择题，系统自动评分。

互评作业：提交录音作业然后进行同伴互评。学习者需要对教学视频中的对话进行模仿练习并上传自己的录音文件，然后每个学习者需要对其他三个学习者的录音作品进行评价，学习者此板块的作业成绩为同伴互评的分数。

二、国内慕课学习评价方式分析

为了全面了解国内慕课的学习评价方法，本节选择了国内的中国大学慕课和学堂在线两个平台中的英语语言课程作为研究对象。我们共选取了 10 门比较受欢迎的课程作为案例分析，这些课程的内容涉及综合英语、英文写作、英语口语、英语词汇、英语翻译等。研究者以学习者身份参与这两个平台中所有已开放的英语语言类课程，调查每门课程的学习评价方式。

（1）大学英语综合课程（一）：该课程是在中国大学慕课平台上的一门综合英语课程。它的学习评价方式为系统自动评价、学生互评及教师评价。该课程的学习评价板块包括：

单元测验：对每单元课程内容的检测。题型包括多项选择题、填空题、判断题。该部分为系统自动评分。

考试：期末考试。考试内容为一篇主观作文题，批改方式为学生互评。

论坛讨论：学生需要在论坛中的"课堂交流区"对教学内容进行交流讨论。讨论成绩占总成绩的 20%。如果学生想在此处拿高分，必须对本册所有单元的 10 个讨论题都进行有效回复。在此板块中，教师会对学生的讨论进行选择性回复与评价。

（2）大学英语（口语）：该课程是开设在中国慕课平台上的一门英语口语课程。它的学习评价方式为系统自动评价、学生互评及教师评价。该课程的学习评价板块包括：

测验：对课程内容的测验。此板块为系统自动评价。

单元作业：单元作业为主观题，需要学习者根据任务提供口语录音供评测，主要采取同伴互评的方式。在所有 10 次作业中，要求学习者完成至少 6 次的作业，否则没有考试资格。

论坛表现：指学习者和其他学习者对课程内容的交流情况，按论坛活跃度算，要求发帖或回帖的数量超过 10 个。

期末考试：期末考试为主观题，需要学习者提供口语录音供评测，采取教师评分的方式。

三、研究发现

教学评价的发展观要求评价方式由单一性向多样性转变，强调多种评价相互结合与补充，根据学习目标、学习内容、学习环境灵活选择不同的评价方法。本研究认为大学英语慕课在建设时可以遵循以下几点原则：

（1）采用系统自动评价、自我评价、同伴互评与教师（助教）评价的多元化评价模式。系统自动评价是慕课最基本的学习评价方式，它适用于客观测试题，包括多项选择题、正误判断题及简答题，系统自动评分使得教师从大量重复的批改工作中得以解放，能使学习者及时获得反馈，提高了测评效率。自我评价是学习者对自己测试结果的评价，学习者通过自我评价监控自己的学习过程并对自身的学习情况进行反思，以培养学习者自我判断、自我认识的能力。而对于某些具有一定的探究性或综合性的主观性学习任务，它们的答案往往没有明确的对错之分，在这种情况下，同伴评价就显得更具优势。学习者不仅是被评者，也是评价者，学习者之间的交流与评价有益于他们相互学习。

在慕课环境下，如果互动机制得当，同伴互评可以促成学习者在学习能力和互评能力两方面的共同发展。就语言任务而言，合作性同伴互评话语中的支架对第二语言形式和意义的交流都有促进作用，伴随更多的交流和输出机会，为语言学习创造了条件。尽管在慕课环境下客观题可以采取系统自动评价，主观题可以采取同伴互评，但同伴互评的质量还是受学习者本身的知识体系、学习态度与责任心以及任务活动的类型等因素的影响。因此对于某些具有挑战性的学习任务来说，教师（助教）的评价与反馈不仅能在一定程度上激励学习者的学习兴趣，也能促进学习者的互评意识与评价能力。

由于慕课学习者的人数较多，因此对每个学习者都采用教师评价显然难以实现，但对学生的作业进行抽检却是可以实现的。在传统的以教师讲授为主的教学模式中，对学生学习的评价主要是由教师做出的。在这种自上而下的单向评价中，学生只是被评价者，只能被动、消极地接受教师的评判，没有评价的权利。而学生自评、同学互评和教师评价相结合的方式，可以从多个方面、多个角度对学生的学习活动进行更全面、更客观、更科学的评价。

（2）注重形成性评价。形成性评价的设计是保证课程质量的重要环节之一。开展学习者学习过程的评估，对动态监控、指导和调节学习者的学习行为，促进学习者持续、有效地学习，对教师动态掌握学习者的学习状况，实施教学调控和工作反思以及对网络远程教育机构进行教学模式与服务模式创新、教学资源和教学平台开发等都具有极其重要的作用。

研究发现国内英语语言类慕课几乎都是采用客观测试题，当前在线课程的形成性评价以平时作业和在线自测为主，很多作业题只是将书本上练习题网络化显示，缺乏基于案例和问题解决型的练习。客观测试题只能检验学生对表层语言知识的掌握情况，但对学生语言运用能力的测验效果却收效甚微。因此要设计注重学生学习过程的形成性评价任务，以促进学生对课程内容的掌握和理解，并引导学生关注对语言的综合运用。

学习任务的个性化是慕课活动设计需要重视的问题。设计提升综合能力的目标，并将其分解和具体化为各种任务驱动的探究性学习活动，这是慕课不同于以往教学设计的一个重要方面。形成性评价的学习任务应该具有多样化、个性化等特征，要注重探究与合作，侧重考查语言的综合应用能力以引导学生的学习过程、提升学生的学习参与度。

我们认为大学英语慕课的学习评价设计可以采用系统自动评价、自我评价、同伴互评与教师（助教）评价的多元化评价模式，并设计注重学习过程的形成性评价学习任务以维持学习者持续稳定的内在学习动力、提升课程的完成率和吸引力。

第三节　学习支持设计

作为在线教育的新形态，大规模、开放和在线的慕课为英语学习者提供了新的学习方式，但也存在高辍学率和低完成率的问题。英语慕课发展目前面临的问题是如何解决英语慕课学习者在学习过程中的困难，并使其保持学习热情，提高其学习质量。因此，提供完善的学习支持服务有助于改善目前英语慕课中出现的一些问题，提升教学质量。

一、学习支持服务研究概述

（一）学习支持服务概念发展

学习支持起源于远程教育。作为远程教育最早的形式，函授教育在 19 世纪三四十年代得到了发展。根据统计，最初的远程教育，学生真正完成学业并获得学位的不到 10%。为解决远程教育中人际交往问题，降低辍学率，远程教育工作者开始进行探索与实践学习支持服务。国外开放大学的远程教育实践诞生了学习支持服务思想，该思想旨在帮助学习者更好地学习，并成为联系远程教育机构、教师和学习者之间的纽带。"学习支持"概念由此诞生。一位外国学者认为远程教育中的学生支持服务是一种服务业，而不是制造业，其总体原则应该是满足该行业中大多数人的利益。他认为教学是一个复杂的问题，它是知识、信息、咨询和学习支持服务的混合体，并强调远程教育机构和教师在教学过程中应该不断地关注学生。

对于学习支持服务这一概念，国内外的学者们持不同观点。有人将学习支持服务的系统分为以下五个方面：学习者和教师间的人际交流；反馈活动；相关补充材料；学习小组（现实或虚拟环境下）；图书馆、实验室、设备和通信网络。还有人认为学习支持服务包括学术性支持和非学术性支持服务。通常学术性支持是指课程资源支持、问答支持、学业评价支持等；非学术支持是指技术支持（平台设计、管理等其他技术支持）、情感支持等。学习支持服务是由远程教育机构为个人或团体学习者提供的一系列服务，其作用是作为课程材料或其他学习资源的补充。国内有学者探索了学习支持服务的概念，他们在前人理论的研究基础上，提出学习支持服务是远程开放教育中，教育机构及教师为解决学生学习中的各种问题而提供的帮助活动。"学习支持服务是指远程学校及其代表教师等为远程学习者提供的以师生或学生之间的人际面授和基于技术媒体的双向通信交流为主的各种信息的、资源的、人员的和设施的支柱服务的总和"。随着信息时代的发展、高等教育大众化进程的推进，学习支持服务的理念和实践将不再局限于远程教育、成人教育领域，学习支持服务将被赋予新的内涵。

（二）慕课学习支持服务研究

目前，国内外专门针对慕课这种新型在线教育的学习支持服务的研究已经较多，相关研究主要集中在慕课中的学习支持服务的现状、慕课中学习支持服务的构建、慕课学习者的互动以及学习支持服务技术的整合等方面。

1. 慕课学习支持服务的构建

慕课之后的发展应该注重反思和重构教学模式，课程设计和技术应该更加灵活，相应的学习支持服务也应该做出改变。通过文献梳理、研究范畴划定等步骤，构建慕课学习环境下学习支持服务的模型，专家提出学习支持服务建设应注重个性化与智能化，教学模式应相应地扩展，课程选择功能应更加丰富。

2. 慕课学习者之间交互

专家们收集并分析了慕课中学生的学习数据，提出互动程度较低会导致学生感到困惑。提高有经验的慕课学习者的参与度和发展新的慕课学习者的参与性技能是组织和促进慕课发展的关键策略。有人提出了慕课中动态学习群体的构建策略。由于缺乏面对面的互动，慕课学生很难进行合作。此外，由于学生大量注册学习慕课，教师也面临着如何将学生组织成学习团队的挑战。有人对慕课论坛上的动态交互系统做出了解释，该研究试图针对推动网络随时间变化的机制做出推论。

3. 慕课学习支持服务的技术整合

有人将微博作为慕课的控制中心，探索了社交媒体和微博平台、促进者活动、参与者互动以及与移动学习和开放教育资源的关系。有专家做了基于教育大数据的慕课支持服务特质与形成研究。他认为，学习支持服务充满了挑战，需要培养对大数据的认识，建立相关的能力，并创造适当的环境。此外，人员支持和政策支持都比较重要。综上所述，慕课学习支持服务的相关研究相对较多，一些学者对外语慕课建设也进行了相关研究，但关于英语慕课学习支持服务的相关研究还很少。

（三）大学英语类慕课学习支持服务评测模型构建

有学者将学习支持服务分为学术性支持和非学术性支持服务。还有人将学习支持服务分为信息服务、资源服务、人员服务、协助组织和开展实践性教学、对远程学习者的评价以及设施服务。基于不同的理论，不同的学者对学习支持服务的框架有不同的观点。有学者运用建构主义理论构建了学习支持服务框架。还有人针对远程学习支持服务评价模型及指标体系做了相关研究，从导学、助学、促学这三个维度对学习支持服务进行评价。国外有专家对远程学习支持服务的质量评价模型进行了研究，分为以下几个方面：导学服务、资源服务、设施服务、管理服务以及咨询服务。部分学者从教师资源、教学资源、教学过程、教育设施和教育管理支持服务这五个维度来设计学习者支持服务体系。

大学英语类慕课和其他慕课一样，也是以学习者为中心，学习支持服务的开展还是要围绕学习者的学习进行，针对学习者学习过程中可能出现的问题提供相应的学习支持服务，以保证学习者良好的课程体验和学习效果。

本研究将学习支持服务从导学、资源、活动、评价、技术、管理、情感七个维度进行划分。

导学支持发生在课前预备阶段，指为帮助学习者学习课程，培养自学能力，对学习者课程选择和课前预习的指导，主要包括课程选择支持服务、课前预习支持服务。

资源支持为学习者提供课程学习需要的课程资料以及其他辅助资料，包括视频、音频、讲义、补充材料等等。

活动支持是课程开展的重点，良好的活动支持能够有效促进学习者深度理解课程内容，促进教师和学生之间、学生和学生之间的交流，提高学生合作学习的能力，促进知识的协作与共享，保证学生的有效学习。

评价支持保证了课程科学合理的评判机制，包括课程单元测试、线上考试、作业评价等，对于全面评价学习者具有重要作用。

技术支持是前提，主要通过技术提供功能完善稳定的课程平台环境，包括导航信息、自动评分工具、多终端运行等等，为学习者开展自主学习、协作学习、个性化学习等各种学习方式提供所需要的环境和条件。

管理支持主要是为了保证课程有条不紊的进行，对学习者课程进度、课程活动、课程评价等进行统一的管理，保证学习的顺利实施。

情感支持是慕课区别于其他网络课程的关键点之一。指主讲教师通过各种教学活动，与学习者之间搭建的情感桥梁，让学生感觉到教师对学生的关注，避免让学生觉得自己是跟着冷冰冰的机器在学习。师生、生生之间的多维互动是主要手段。比如教师的答疑是否及时、学生遇到问题能否迅速解决、学生的作业是否得到及时反馈等都会影响学生的学习兴趣和效率。

二、对大学英语慕课学习支持服务的启示

（一）导学支持服务

大学英语的课程性质决定了大学英语慕课更应给予学生最大的指导支持，使学生明确学习的目标和学习路径，才能高效地完成课程学习。通过多元化、多种类的支持服务，使

学生得到最大程度人性化的清晰指导，以便更好地进行课程的自主学习。

课程简介作为课程导学支持的核心内容，是影响学习者做出课程选择的重要因素，课程简介应包括课程大纲、课程特色、教学团队等介绍。这一部分的内容使学习者对课程以及教学团队有进一步的了解，对激发学生学习课程的兴趣有重要影响。整个课程简介和课程特色应该提供相应的导学视频进行介绍，采取不同的方式给予学习者视觉与听觉的感官体验。在课程大纲方面，国内慕课是根据教学单元进行分类的，呈现出各小节知识点，比较清晰，但每单元呈现内容较多。建议根据每周学习任务制定课程大纲，并呈现每周学习任务具体完成时间，如可呈现每个视频的学习时长，使学习者明确学习时间。

（二）资源支持服务

资源是教学内容的载体，是影响学习者学习效果的重要因素。大学英语类慕课可提供三类资源：基本资源、扩展资源、生成资源。基本资源包括学习策略、视频/音频、电子教材、课程讲义、英文字幕；扩展资源包括站外链接、推荐网站等；生成资源包括作业展示和 Wiki 共建。

1. 基本资源

学习策略支持对慕课学习者尤为重要，可以帮助学习者做好应有的课前准备以及学会使用何种策略进行学习，为具体内容的学习打下良好的基础。视频是慕课组织教学、实施教学的基本方法，它承载着教学的基本内容，与课堂教学中教材发挥的作用相似。电子教材、课程讲义和英文字幕可通过 PDF 文档的形式呈现。可将视频内容文字化和图片化，形成课程讲义，可提供课文的电子版及字幕的电子版，方便学生学习。提供文档下载功能，便于学习者在观看完视频后整理相关笔记或温故知新。

2. 扩展资源

扩展学习资源可以提供与课程关系密切的推荐阅读书目、链接资源、知识拓展等。由于视频时长或内容安排上的缘故，在视频中呈现较为简略或缺少呈现，但对于拓宽学习者知识视野又有所助益，同时一些补充资源还适当地增加了内容难度，使那些学有余力的学习者可以进行适当的拓展。

3. 生成资源

生成资源主要是作业展示和 Wiki 共建。教师可以将学习者的优秀作业分门别类地进行选拔、归纳整理、进行展示，供以后的学习者学习借鉴。Wiki 的一个最重要的功能就是学习者参与学习资源建设，学习者可对教师给出的主题进行查看、编辑和修改，也可以自己增加主题，任何人都可以在原有的基础上进行修改。学生不仅是慕课的学习者，也是建设者。

（三）活动支持服务

论坛是所有课程最主要的活动支持服务，学习者在论坛中可以进行学习交流、同伴互动、答疑讨论等。教师可以组织学生通过其他社交工具（如微信、QQ 等）建立学习群，主讲教师还可组织直播或者线下活动，方便教师和学习者进行线上线下交流，以此激发学习者的互动热情和学习兴趣，也丰富了师生、生生交互的形式。学生在慕课学习时容易产生孤独感，通过不同形式的活动支持服务，可以增强学习自信心。教师还可建立笔记分享专区，鼓励学生相互分享笔记，交流学习心得。

（四）评价支持服务

评价支持主要包括过程性评价和终结性评价。在慕课的学习过程中，过程性评价主要是作业、测试和观看视频；终结性评价主要包括期中、期末考试。评价的主体应该多元化，不仅有电脑评价、教师评价，还应有同伴互评的形式。同伴互评应注重提供清晰评价标准。在学习者双方相互批改、评价对方作业的过程中，学习者得到了他人对自己作业的评价和看法，而评价者也能在评价他人作业的过程中学到他人的做法和成果，并与自己的作业形成对比，从而丰富学习者看问题的角度，加深对知识的理解和认识。另外，也可以将论坛的参与度作为过程性评价的一部分，以鼓励学生参与论坛讨论。

（五）管理支持服务

管理支持服务方面，除了提供课程提醒和学习计划制定等支持服务以外，教师需要及时通过站内消息或邮件等方式提醒学习者继续学习、同伴互评、进行论坛讨论和及时提交作业。

（六）技术支持服务

技术支持方面，应该注重学习分析。在所调查的英语慕课中，主要采用在线问卷的形式测试学习者的学习风格以及学习预备能力，如"您报名本课程的原因是""您是否学习过本慕课课程"等。学习者分析对于慕课尤为重要，这是由于慕课受众人群数量庞大，课程学习者成分复杂，他们可能是来自各行各业的从业人员，因此存在着预备知识、学习能力、学习风格的巨大差异，而通过学习者分析，课程制作者就可以更好地了解学习者的成分，以便为学习者提供更精准的内容和服务。

（七）情感支持服务

情感的支持大部分是同伴之间的交流、互动和鼓励，还有一部分是教师和学生之间的互动和反馈。完善的情感支持设计有利于提高学习者的学习动力，保持其学习兴趣，提高大学英语慕课的完成率，降低辍学率。教师可以通过其他社交工具建立学习社区，鼓励学生相互交流学习。

新的教学模式应以现代信息技术，特别是网络技术为支撑，使英语的教与学可以在一定程度上不受时间和地点的限制，朝着个性化和自主学习的方向发展。新的教学模式应体现英语教学实用性、知识性和趣味性相结合的原则。除了保证优质的教学视频，英语慕课的学习支持服务是保证学生完成学习任务、实现课程目标的重要因素。

大学英语慕课不能只管建设，不管学习支持服务。学习支持服务应该注重学习资源的建设、学习活动的支持以及学习分析技术的融合。①学习资源建设：通过提供丰富且优质的基本资源、扩展资源、生成资源，学生学习将更具有主动性。②学习活动支持：国内英语慕课应注重交互设计，通过论坛、直播、线下互动等形式的活动，最大限度地调动起学习者参与学习的积极性，改善学习者学习的情感缺失。③学习分析技术的支持：学习支持服务应该与学习分析技术相结合，通过学习者分析、学习活动分析和教学分析，更加了解学生的学习动机和学习过程，以便更好地提供学习支持服务。

第七章　高校英语慕课建设、运行及优化

　　大数据时代下慕课的应运而生是对优质教育资源的普及，同时也极大地推进了高校英语教育质量和教育公平。本文从慕课的建设与运行入手，举例分析了慕课建设与运行方面的不足与优势，并提出了切实有效的优化策略，以期为中国的高校英语慕课建设提供可借鉴的参考。

第一节　大学英语慕课建设

　　《新标准大学英语》（综合教程）在线开放课程，即《新标准大学英语》（综合教程）慕课是国家社科基金"中国大学英语大规模开放在线课程建设范式研究"的重要阶段性成果，是团队历时五年打造的大学英语系列慕课，共4门。它是一门学科基础课，课程同时在中国高校外语慕课平台和重庆市高校在线开放课程平台上线，该慕课旨在帮助学生通过观看视频、学习课文并完成相应的作业等在线活动提升学生的英语读写译的基本语言技能，兼顾听说和跨文化交际能力。此课程被先后认定为"重庆市月度在线名课""重庆市年度在线名课""重庆市精品在线开放课程""国家精品在线开放课程"，课程服务于校内非外语专业综合英语课程学习者及校外广大英语学习者。

　　《新标准大学英语》（综合教程）慕课内容基于外研社经典教材《新标准大学英语》综合教程，教材内容主题丰富、选材广泛、题材多样，1—4册从校园学习、生活方式、

情感交流等日常话题逐步过渡到社会经济、历史文化、科技发展等深层问题。慕课每册从教材中选取四个单元（每单元含两篇文章）进行教学，每册作为一门慕课独立运行。

《新标准大学英语》（综合教程）慕课从宏观教学设计和微观教学设计两部分入手。宏观教学设计指某一门课程的整体框架，包括教学目标、教学内容、教学计划、教学活动以及教学评价。微观教学设计则指每个单元的教学设计。《新标准大学英语》（综合教程）慕课单元教学设计包括引入、文本学习、课文赏析、语言点学习、写作技巧、作业、学习任务清单等方面。在设计课程时，充分考虑在线学习易倦怠分神的特点，借鉴国际慕课通用做法，设计了多重交互模式，帮助学生拓展批判性思维能力，使学习者明显感觉主讲教师就在身边，增强学习者的情感体验，避免给学生造成只是跟着机器学习而产生厌学情绪，最大范围降低学习者辍学率。为了方便教师组织在校生学习本课程，课程还设计了项目学习任务并给出详细操作办法及评价标准，为依托本课程开展翻转教学提供了有力支撑。

一、设计思路

慕课与以往在线课程最大的区别在于它具有多元互动特性。多维教学互动是慕课的灵魂，没有互动的慕课就不能称之为慕课。本课程力图通过多种途径实现师生互动、人机互动和生生互动，做到：（1）学习者与教师的交互；（2）学习者与机器的交互；（3）学习者之间的交互；（4）学习者与教学内容的交互；（5）在线教学资源的交互。

（一）团队架构及分工

慕课建设和运行离不开团队的合作，在团队里面，每个人发挥自己的优势，以课程负责人为核心，分工协作。我们前面说了《新标准大学英语》四册教材的慕课建设周期达五年，每一册课程有自己的团队成员，且团队成员贡献度也不同，四册课程前后共有22位英语老师参与建设，多名研究生给予了协助。以《新标准大学英语》（综合教程）第三册慕课建设团队为例，该团队有教授2人、副教授2人、讲师8人、助教3人。团队成员职称结构合理、年龄结构合理。建设团队是一支富有激情、教学方法新颖的优秀团队，团队成员均有全国授课大赛、重庆市教学大赛、微课大赛等获奖经历，团队多位教师有主持或参与各级教学质量工程建设和教学改革项目经历。《新标准大学英语》慕课由笔者作为总负责人，对整个建设体系进行宏观把控，每册具体建设由一名执行人负责（第一册和第二册本人同时为具体执行人），执行人负责人员调配、制作周期安排、管理团队成员工作考核等事宜。

组一：脚本制作组。主要承担建设前期工作，包含脚本设计，脚本交互审核。脚本设计前，设计者会研究每篇课文的单元教学目标和课文目标，提炼重难点，然后结合目标与重难点以及学生需求，设计每个单元对应的脚本。视频制作完成后，会返还给脚本设计老师，让其对照自己设计的脚本，检查视频文本、字幕、内容讲解等方面是否与最初设计一致。

组二：视频录制组。主要承担建设中期工作，即为脚本审核与录课，组二的脚本审核与组一的脚本审核者不重复，目的在于检查错误，熟悉脚本，理顺语言，为录课做准备。

组三：视频制作组。主要承担建设中期工作，即视频制作，视频制作需花费大量的时间，制作者需依托教师制作的脚本，逐字逐句呈现讲解内容，将教师之前准备的图片及视频穿插在讲解视频中，并在讲解视频制作完成后制作字幕。

组四：课程运行组。主要承担建设后期及课程上线的运行工作，其工作内容包括网络课程结构管理、发布课程公告、上传学习视频、上传补充资料、学生管理、监控学生学习进度、批改学生作业等，收集运行问题及学生反馈，并反馈给总负责人及执行人。

四个工作组间工作不独立，彼此间相互配合，其中组一（脚本制作组）工作周期跨度最大，所承担的工作是慕课建设的重中之重，由8名具有丰富教学设计经验的教师组成，每人负责一篇课文的慕课设计；组二（视频录制组）采取"4+2"团队，即4名外语教师加2名外籍教师组成，6名教师均发音标准、形象气质佳，且有市级、国家级"微课大赛""授课大赛"等获奖经历；组三（视频制作组）由专业视频制作团队担任；组四（课程运行组）含慕课运行教师5名，其中外教2名、研究生助教5名。教师负责平台架构、各类通知发布、视频及作业发布和批改、数据分析、研究报告撰写等工作。外教负责论坛答疑，研究生助教负责资料上传、题库上传、数据收集等工作。在每一轮慕课运行完成后，根据教学反馈，提出需要优化修改的内容，再由脚本制作组撰写新的修改说明进行视频修改。

（二）建设周期

《新标准大学英语》（综合教程）慕课共四册，前两册建课周期分别为一年，后两册在前两册的基础之上，建课周期分别缩短为半年。在正式开始建课前，课程组对慕课相关的最新文献进行研读，前往部分高校进行调研，了解最新慕课平台功能及在线课程运作方式、考核方式、交互方式，吸取经验，扎实的前期准备工作为《新标准大学英语》（综合教程）慕课建课打下基础。下面是《新标准大学英语》（综合教程）慕课第三册的建设周期，共分为前期、中期和后期三个阶段：

课程建设前期：前期工作中很重要的一个环节就是大纲的修订，它是课程建设的指导性文件，同时还需做好其他准备工作，诸如单元知识点梳理及单元目标设定、PowerPoint制作、脚本制作、字幕整理、视频插入题设计、单元练习题设计、论坛讨论设计等。

在前期文件制作之前，执行人会将以下文件共享给团队成员，召开线下协调会，指导进一步的前期工作，具体文件为：团队人员名单、教学内容安排、任务分配及说明、制作注意事项、PPT模板及样本、script脚本样本、提词器样本、字幕样本、单元练习题样本。

课程建设中期：中期工作可以简单分为视频录制、视频制作、视频审核三个环节。

课程建设后期：后期工作主要由慕课架构（线上）、资料上传平台、课程调试、课程上线、课程维护及管理、课程优化等环节构成。

二、前期建设

前期建设主要由组一（脚本制作组）负责，分为七个环节，课程建设前需要进行学习者特征分析，本课程使用对象是普通本科院校非英语专业学生，课程建设基于外国语大学非外语专业本科生。

脚本制作组是整个团队的核心，虽主要承担课程建设的前期工作，但团队成员职责贯穿整个课程建设，工作内容繁重，需要极强的责任心和细致认真的态度。《新标准大学英语》（综合教程）慕课每册精选4个单元，共8篇课文，每2位教师负责一个单元的初步建设工作，每个老师撰写的脚本需要经过三轮交叉审核，后文还会专门提及。《新标准大学英语》（综合教程）慕课旨在于提升学生的读写译能力，为了保证全四册写作任务难度和体系保持一致，专门安排1位擅长写作教学老师单独负责配套写作任务设计。

（一）单元知识点梳理及单元教学目标设定

单元知识点梳理是每单元内容建设的基础，设计者根据自己的教学经验从课文知识点中挑选符合慕课总体设计目标的内容进行教学设计，教学难点和重点优先设计。单元教学目标设定与整门慕课的教学总目标相呼应。它是总目标的具体阐述，包括了知晓何种文化背景、掌握何种语言技能、习得何种语言知识等。

特别值得注意的是：

（1）教学目标和学习目标是两回事。建议使用学习目标，突出学生的主体地位。目标设定时注重学生学到了什么，而不是教师讲授了什么。

（2）在制订学习目标的时候，注意使用具体的动词，比如 analyze、revise、distinguish、solve、compare 等等。

（3）学习目标要具体到课文，不要选用放之四海而皆准的语言。

（二）单元框架设计

单元框架设计是指根据单元知识点梳理及单元教学目标，设计本课的框架。

单元框架设计的原则：（1）每篇课文具体的学习目标能够通过观看视频及其他在线活动实现；（2）尽可能细化单元学习目标，将其细致对应到每个视频；（3）单元学习目标、视频设计、材料补充、学习任务彼此对应；（4）每篇文章的框架包含"必选板块＋自选板块"。必选板块为讲解文章必要的内容，如 Lead-in，Global understanding，Text study，Text appreciation /Stylistic features。自选板块为 Text appreciation 和 Cultural background，根据文章内容以及设计者的讲解方式进行选择。通过此模式，确保了慕课总体框架的完整性，也有助于文章讲解侧重点及设计者的个性化教学。（5）单元框架需进行审核，审核方式为"互相审核＋统一审核"。四个设计组间互相审核，互通有无，取长补短。课程执行人统一审核，确保设计规范，避免内容重复。

（三）PowerPoint（PPT）制作

PPT 的内容与脚本相配合，是辅助教师进行视频教学的重要工具，是教学重点内容的文字化、图像化。通过 PPT，学生方便做笔记，也能够对知识点有更准确的理解和掌握。好的 PPT 设计可以给后续慕课制作节省很多时间，可以大量节省慕课设计者与制作者之间的沟通时间。

为了使 PPT 能够很好地配合教师讲解，制作时应符合以下设计原则：

（1）内容完整，结构清晰，字体字号统一，设计上可使用图例或者示例；

（2）以简练为原则，避免花里胡哨，影响学生的注意力；

（3）文字精炼，搭配最新的、分辨率高的图片，推荐 png 格式；

（4）主次分明，需要强调的部分，用特定颜色去显示，如重点词汇用红色高亮，翻译用蓝色高亮。

（5）设计好动画效果，设计者需制作好所有 PPT 中基本的动作、内容、图片和板式，以节省和视频制作组沟通动画的精力。

（6）学习者为中心，考虑学习者的学习习惯和注意视角，如单词讲解时，高亮此单词，教师在适当的位置做出讲解框和框内讲解内容，难句讲解时下划线该句子，给出

paraphrase，最后给出该难句的中文翻译。

如果某个单词需要讲解的内容非常多，可以考虑单独做 1~2 页 PPT。

（四）脚本撰写及审核

脚本即慕课视频中教师的讲解台词，脚本撰写是慕课前期建设的核心工作，设计者在撰写时需考虑到前期工作中的每一个环节。脚本撰写不仅要考虑教学内容、提供视频中录课教师讲课的"逐字"稿、标明所需插入图片、视频或者练习的准确时间点，还需通过文字精准地传达给录课教师录制时的神态、表情和动作。

脚本撰写是整个慕课制作过程中最耗时的环节之一，在开展此项工作之前往往已经至少完成了上述（1）至（3）的建设工作。

课程建设的团队很重要。慕课建设更离不开团队，系列慕课建设更是如此。《新标准大学英语》（综合教程）共四册，强大的团队是顺利建成慕课的保障。

脚本及 PPT 设计大致过程为：（1）确定文章设计框架。设计框架尽可能细化，脚本设计前每篇课文负责老师会通读单元教学目标和课文目标，提炼重难点；（2）制作 PPT。以框架为基础，结合教学内容、学生需求、教学目标制作 PPT 内容，PPT 的作用类似传统课堂的黑板和展示介质；（3）撰写解说词。PPT 内容制作完成后，设计者相当于有了教师上课必需的课件，此时设计者以录课教师的身份，思考自己如何给学生讲授 PPT 上的内容，即把需要用到的串讲词、承接词、结束语以文字形式呈现，形成解说词。

脚本的具体设计通常包括四个部分。解说词是教师讲解教学 PPT 的文字稿；脚本中画面要求即为何时需要教师出镜，何时需要全屏展现例句或段落，何时需要教师与文字要点或者图片同时出镜，以及对录课教师的表情及动作的要求；而技巧部分则是对视频动画、出镜方式的设计，即在何时需要出现何种高亮文字、下划线文字、强调文字、图片，或插入视频的时间提示。

1. 解说词

解说词是视频讲解中最重要的部分，也是制作字幕的基础。设计者需用简单明了的口语来表述。设计开场白时，需注意视频中的老师面对的是屏幕前个体的学生，而不是课堂面授，应避免"Hi, class!"之类的用语。此外，慕课每篇课文通常包含不止一个视频，每个视频开头都设计有开场白，故仅每篇课文对应的第一个视频的开场白包含教师的自我介绍，其后的每篇课文视频开头则只需简单寒暄，避免重复。脚本制作者需要思考上课的内容，包括文章结构、文化讲解、字词句讲解、段落讲解。如何讲解，如何把单调乏味的讲解以视频的方式传达给学生亦是脚本设计者要思考的问题。段落理解时，如果内容不好理解，可以配合教师讲解使用图例或者示例。

2. 画面要求

画面要求指的是视频视角，主要包括：教师正面出镜、全屏展示 PPT、教师及 PIyr 内容各占一半和其他情况，设计者可以根据自己的设计提出更多的画面要求。

3. 技巧

技巧是视频中 PPT 动作动画的说明，常常用于说明知识点的呈现顺序、重点强调内容、图片展示、音视频播放等，此部分应与 PPT 紧密结合，如出现"音乐家图片"、高亮单词"audition"等。技巧部分的详细说明能够有效减少后期视频制作的沟通成本，减少不必要的返工。

4. 备注栏

备注栏用于补充说明，比如某些外部链接或者格外注意事项之类。

脚本设计的重要性再怎么强调都不过分，《新标准大学英语》（综合教程）慕课在建设过程中提炼出了撰写脚本所遵循的三原则：

（1）教学启发化。"启发式教学"目的在于教师经过教学内容设计，结合教学经验，启发学生深入思考。通过这篇文章的学习，学习者除了掌握相应单词和短语，在思辨能力上可以获得什么样的提高？在跨文化交际能力上可以达到何种程度的提升？如何引导学生思考？如何设计相应开放式的问题让学生在论坛上进行讨论，如何设计论坛讨论的框架（提示和可能用到的语言）？通过文章的学习，利用各种方式启发学生习得其中的知识。

（2）语言口语化。脚本是视频中教师的解说词。教师解说应清楚明白，故应避免复杂的长难句，多使用主动语态。但值得注意的是，应当避免口头禅、语气词的频繁使用。例如 OK、Well、Um 等词。

（3）指令明确化。学生面对的是视频中的教师，故教师在进行教学时，为使学生跟上教学进度，应使用明确的教学指令，如明确告知学生某一时刻采取何种步骤完成视频任务。这样做一是避免学生走神，二是更好配合 PPT 的演示。

另外，外语类慕课建设当中，解说词应尽量避免中文，视频中遇到翻译等必须出现中文的情况时，可采取以下做法：通过明确指令让学生自行阅读屏幕上的中文，视频制作时该处可多停留几秒让学生阅读，或说明让学生按下暂停键，解说词可设计为：Now, please pause the video and read the translated sentence. 此外，如若遇见需要让学生思考的地方，也可采用上述方法，解说词可设计为：Now，please pause the video and think about the question.

（五）脚本审核

脚本及 PPT 制作一稿往往最耗时费力。通常一篇课文需要 1 个月的时间，审稿时长一般为 5 天，且需确保通读每一份脚本。脚本及 PPT 至少通过四轮审核修订，且不能因审核轮数靠后而缩短审稿时间和质量。

在每单元脚本撰写完成之后，设计组中的小组分别进行至少 3 轮交叉审核脚本，审核的标准为：

1. 内容审核

内容结构完整，对应每单元的设计框架，包含每单元的知识内容。包含"必选板块"，且通过"自选板块"展示出课文侧重点。

2. 语言问题

确保行文流畅、遣词造句准确。

3. 技巧审核

有明确的视频动画设计及录课教师的表情语言说明。

4. 内容补充

审核人对审核的内容讲授过多次，有自己的独特见解，可以针对审核情况给予相应建议。

此外，在视频制作完成之后，脚本制作组还将对视频制作进行至少 3 轮审核，确保脚本设计准确转换为视频。

（六）字幕整理

字幕是视频画面下方呈现的教师台词，《新标准大学英语》（综合教程）字幕采用单独的字幕文件形式，方便慕课平台字幕开关设置。目前很多平台均支持字幕开关功能，方便学习者学习时按需开关字幕，慕课视频所配字幕遵循的原则是：

（1）主讲教师讲授的内容在视频中已经呈现（通过 PPT 呈现），则无须设计字幕。

（2）视频中出现的生僻用词（如某些科学领域的专业术语）若在视频中未标注汉语或者英文注释，需在字幕中标出。

（3）每句字幕末端不出现标点符号，句中可出现。

（七）视频插入题设计

现在各大慕课平台基本上均能支持在教学视频中插入练习题（通俗说法为"闯关题"，即此题回答正确之后才可观看后面的视频），设计插入题主要是为了增强课程与学习者之间的互动，及时检测学生学习效果及监督学生，提升学习专注度。

视频插入题的题型通常为客观题，考虑到教学效果和主流平台的功能，我们制定了以下插入题设计标准：插入的练习题应是该教学视频中讲解过的一个知识点，且练习题应该及时插入在该知识点之后。该练习题可与该视频的若干知识点有联系，但必须与最邻近的知识点相关。学生遇到不会的练习题时，可方便其倒退视频寻找答案。练习题内容应是某个知识点的灵活应用，而不只是简单重复之前解说词中的某个定义，但也不应太难，以免影响学生观看节奏。

下面以《新标准大学英语》（综合教程）慕课在中国高校外语慕课平台插入的练习题为例来说明：

（1）题型：客观题（答案唯一），如：选择、填空、判断正误。

（2）数量：超过 5 分钟的视频，按实际情况酌情加入；每个视频 1~2 个题即可。

（3）需要设计答案解析。

（4）在 Word 文档（脚本）设计插入题，设计好的题与 PPT 和脚本文件放在一个文件夹中，以便对照审核。

（5）需要精确标明在哪个视频几分几秒处跳出该练习（视频未做好前，时间用 X 分 XX 秒代替，视频做好后，可在审核视频时将时间补上）。

（6）无须在脚本中设计台词提醒学生做题。这是为了课程在某些不支持插入题的慕课平台上也能正常提供教学。

（7）视频插入题也需要审核，审核方式与脚本及视频的审核一致。

（八）单元练习及测试设计、论坛设计

《新标准大学英语》（综合教程）慕课通过在线练习和测试，对学生学习进行督促和检测。慕课配套的单元练习分为两类：一类为词汇语法题，另一类为写作题。两者均与单元教学内容相对应，通过客观题巩固单元重点词汇、语法、文章理解、文化背景，通过主观题加强学生的翻译、写作和思辨能力。测试题考察单元学习内容，并进行英语应用能力的延伸。

单元练习题包含题型为：句子填空、短文填空、选择、翻译等，分值100，按照最终

成绩比例计入课程期末成绩。

单元测试主要为客观题，题型可为单选题、多选题、填空题、判断题。客观题电脑自动计分。测试也可设计主观题，如问答题、翻译题，教师需单独进行批改打分，且还需看慕课平台是否支持。

《新标准大学英语》慕课的测试题题型为：

Ⅰ. Text Understanding. （20%）

Ⅱ. Vocabulary and Grammar. （60%）

　　Part 1：Word Matching. （20%）

　　Part 2：Multiple Choices. （20%）

　　Part 3：Vocabulary and Structure. （20%）

Ⅲ. Reading Comprehension. （20%）

第一部分为单元两篇文章理解的检测，第二部分为单元重点词汇语法的检测，第三部分为相同主题或同等难度的课外阅读理解。

写作题目形式为：话题作文，故事续写、仿写，按给定词作文等，按照最终成绩比例计入平台期末成绩。某些平台支持写作题嵌入批改系统，可采取"电脑批改＋人工评阅"的方式，节省时间精力。

论坛设计：围绕课文内容或者拓展阅读内容设计 1～2 个讨论话题，这个话题可以是文章中心思想的拓展，一定要有框架，即对该话题的词汇、句型、答题方向等的参考性建议，引导学生参与讨论并进一步激发学生的思辨能力。

除论坛之外，练习、写作、测试均设计有答案详解，这些设计属于常规设计，与慕课本身的关系不是特别紧密，根据课程特点和平台特点设计即可，在此不再赘述。值得一提的是，由于慕课本身的数字化性质，设计者在设计练习、写作、论坛时可使用图片、音频、视频作为素材。设计时也可考虑让学生使用上述材料作为作业，利用手机就可拍照、拍视频、录音进行上传，该手段不但可以检测学生对教学内容的掌握情况，还能锻炼学生的语音语调。

（九）章节设计案例（部分）

《新标准大学英语》综合教程第三册慕课第一单元的第一篇课文《抓螃蟹》是一篇记叙文，主要讲述了一位父亲如何通过抓螃蟹来帮助他即将大学毕业的儿子选择未来的工作。在制作慕课前，首先我们分析了这篇文章的特点和重难点，再据此设计教学目标，然后再围绕教学目标做出相应的在线教学内容设计。

1. 课文特点和重难点

《抓螃蟹》是一篇记叙文，通过运用"描述""对话"和"叙述"来记录父亲如何通过抓螃蟹来帮助儿子选择未来工作的这一事件。这篇记叙文的特点有：

①文体结构：我们可以通过两条线索来分析文体结构：

a. 时间顺序。作者主要记叙了三个时间段（秋季、圣诞节前夕和圣诞节当天）发生的事；

b. Problem-Solution 结构（即 situation、problem、solution、evaluation）。在文章中，作者用到了该结构中的 situation、problem、solution 三个部分。

②文化背景知识：课文中有一些文化知识对学生来说可能比较陌生，如 Charles River（查尔斯河）、Madison Avenue（麦迪逊大街），以及一些可能知道但不太了解的文化知识。

③词汇/语法/难句：该篇课文难度适中，需要讲解和拓展一些新的词汇和部分语法和难句。

④文章内容/中心思想：该篇课文选材新颖，作者通过抓螃蟹这一生活化的事件（而非说教）来让读者明白如何更加了解自己，如何遵从自己的内心来做出选择。

分析了该篇课文的特点后，我们对其也做了重难点分析，它的重点是文体结构，难点是文化背景知识。

2. 学习目标

经过对文章特点和重难点的分析，我们制定了这篇课文的学习目标：

√学习记叙文及其特点，学会分析记叙文文章结构；

√了解相关文化背景知识；

√学习并掌握重点词汇及语法；

√回顾/复习 Problem-Solution 结构；

√获得如何更加了解自己的建议。

3. 在线教学内容设计

总原则：在线课程学习尽管不如课堂有面对面的师生互动效果好，但同样可以通过提问、任务型教学来启发提示学生，而不是灌输型教学。

具体内容：针对学习目标，在线教学设计如下：

（1）导入设计：课文通过抓螃蟹来向读者展示一个"遵从自己内心去做选择"的道

理，因此，在导入视频中，引用了曾获得第 84 届奥斯卡动画短片提名的一个动画短片，它讲述了一个小男孩没有顺从他的父亲和祖父的建议，选择了自己喜欢的工具扫星星的故事。这和课文主题不谋而合，因此对学生具有一定的启发性。通过看完视频后提问的方式，让学生自己领悟到"遵从自己的内心做选择"。

最后还给学生提供了一些切实可行的建议来帮助他们更加了解自己。此处，我们设计了三个活动：①Practicing Self-Awareness，②Exploring Your Personality，③Fulfilling Your Needs。在教学材料的选取中，教师须有版权意识，选用材料需注明出处。

（2）文化背景知识设计：这个部分图文并茂地讲了 4 个知识要点，包括 Charles River（查尔斯河）、Madison Avenue（麦迪逊大街）。个别知识要点还做了相关的知识拓展，如介绍查尔斯河，除了简介它的地理位置，还补充了河流所经过的名校以及河上运动的知识，从而帮助学生更好地理解课文里提到的内容，即 the boating on the Charles River，此处设计时我们采用要点提炼加图片呈现原则，引导学生了解文字背后的文化。

（3）课文结构设计：课文结构的讲解是循序渐进地通过提问的方式把时间顺序、课文分段和段落大意以及 Problem-Solution 结构融合在一起，便于学生理解。

（4）课文词汇难句学习：这部分的学习是通过跟读课文，一段一段地学习重难点词汇、语法和难句。内容如果较多，也可以分为几个视频。另外讲解时可搭配图片甚至插入视频，以及练习题，使枯燥的词汇学习变得有趣。

（5）课文赏析：该篇文章为记叙文，因此可以顺带介绍一下其他三大英文文体，然后再详细分析这篇文章的写作手法以及记叙手段，即通过句子、时间词和直接引语在描述、叙述和对话中不断转换，完成对事件的记叙。

这部分的教学设计中，包含一些在线学习任务，如让学生去课文中找，哪些部分是对话，哪些是描述，哪些是叙述？然后再给出答案。

三、中期建设

（一）视频录制

视频录制工作主要由录课教师和视频制作公司承担，脚本设计者协助。录课教师需熟悉脚本，能够达到"脱稿"状态最佳。教师淡妆出镜，衣着得体，应避免蓝/绿色衣服（方便抠图）。另外最好多带几件衣物到录制现场，一来方便现场挑选合适着装，二来可根据现场温度增减衣物。录制时可选取外景，也可在录影棚中进行。为了更好地达到视频标准，最好由专业的视频制作团队/公司承担录制工作。在录制之前务必确定好未来课程需要运行的平台，与制作方沟通该平台标准，确保视频制作规范。若录课教师和脚本设计者不是同一人，设计者最好在录制当天也到现场，对录课教师的表情动作、语气、语言等进行把关。

如果慕课视频主讲人和脚本撰写人是同一人，效果会更好。大多数情况下，《新标准大学英语》慕课的脚本撰写者和视频主讲人为同一人。如果只是一门课程，工作量不会太大，团队成员也不会很庞大，分工则比较简单。但是由于《新标准大学英语》课程体系庞大，内容复杂，建设周期长达 4 年，前后参加课程建设的老师达 24 人，结合个人意愿，我们对团队成员进行了详细的分工（有教师明确表示不愿意出镜讲课，只愿意设计课程，撰写脚本）。

（二）视频制作

慕课基于慕课平台，不同的慕课平台所支持的视频大小、格式、字幕形式等标准不尽相同，平台具备的功能也不一样。如中国高校外语慕课平台支持视频中插入练习题和外挂字幕，FutureLearn 慕课平台支持视频开启关闭字幕，某些平台还支持语言翻译功能，而部分平台则可能不支持上述功能。此外，学生学习时也会使用不同终端（手机、电脑、平板），不同平台对终端的支持也不一样。

标准如下：

1. 出镜要求

教学视频课程需要是专门为"慕课"而设计和拍摄的，需要有教师出镜，不能是全程板书或 PPT 教案配音。但不要求教师全程出镜，建议适当配备 PPT、文字和动画效果设计。

2. 拍摄要求

画面中教师以中景和近景为主，要求人物和板书（或其他画面元素）同样清晰。录像环境应光线充足、安静，教师衣着整洁，讲话清晰，板书清楚。

3. 技术要求

每个教学视频时长范围：5～25 分钟（建议控制在 6～8 分钟最佳）。

· 视频采用 H. 264 编码方式，分辨率不低于 720p（1280×720，16：9）。

· 视频采用 MP4 格式，单个视频文件建议不超过 200M，以免影响播放效果。

· 音频要求清晰，没有交流声或其他杂音、噪音等缺陷。

·如制作课程简介视频，建议长度控制在 3 分钟以内。

4. 片头片尾

平台会统一给每个视频加一个慕课片头。此外，可根据各门课程的需要，设计基于课程内容的简短片头或片尾。课程自制的片头和片尾总时长建议控制在 10 秒以内。

5. 视频内测试题插入设计

时长超过 5 分钟的视频建议插入课间提问，有条件的课程，建议每 5 ~ 6 分钟提问一次。课间提问要求为 1 ~ 2 道客观题，题型可以是单选题、多选题、判断题。视频中提问环节为可选项，建议不计入平时成绩。

6. 字幕要求

如果为视频配字幕，字幕文件应单独制作并上传，不能与视频合并，且为 srt 格式。字幕要使用符合国家标准的规范字，不出现繁体字、异体字、错别字。全外语授课的情况，建议配备中文翻译字幕。

考虑到建课完成之后课程将可能在不同平台开课，在视频制作时，尽可能地将视频的平台依赖性减到最低，比如教师的讲解不能过分依赖于慕课平台功能，如视频插入题（闯关题）、即时讨论等，视频最后生成 MP4 和 MOV 两种格式（大多平台支持的两种格式），且务必保留原始文档。

（三）视频审核

视频制作过程和脚本撰写过程一样，需经过至少三轮审核，把错误率降到最低。作为慕课视频的设计者，脚本制作组承担视频的一审和二审工作，从视频中教师的讲解词、表情动作，再到视频拍摄时的视角、动画等都是脚本制作组的创作，成形的视频是脚本制作组智慧的体现，故视频应满足脚本制作组设计的要求。每一次审核后，审核人都会向视频制作组递交审核文件，审核文件内容包括视频名称栏、时间栏、问题栏、如何修改栏、备注栏。

视频名称栏：视频名称与该视频文件名保持一致，方便查找视频和后期上传视频至平台。

时间栏：标注视频或者字幕出问题的时间点或者时间段。

问题栏：具体描述审核时发现的问题。

如何修改栏：具体说明对应问题的修改方法。

备注栏：必要时可以截图说明发现的问题，填写需要补录的正确内容，以及其他问题。

外语类慕课建设要比非外语类慕课建设辛苦得多，其中之一就体现在视频审核上。因为制作者主要来自计算机专业，其外语功底不好，在制作中无法准确把握语言质量。

在长期审核视频的过程中，我们发现视频经常出现的问题主要集中在视频语言文字错误、教师口误、制作技术及教学内容的合理性问题。

四、后期建设

视频及配套的练习、作业、测试、讨论制作完成之后，慕课建设就进入后期阶段，主要分为课程架构、资料上传、课程试运行三个阶段。

（一）课程架构

课程架构首先包含在开课平台上填写课程的教学计划、课程信息、教学内容等开课信息。根据不同平台的开课要求，以相应的形式填写开课信息，有的平台需要自行在网页上填写信息，有的平台则由平台统一提交信息。两种情况仅在课程架构的方式上不同，课程内容大致相同。

（二）资料上传

课程在结构上包含三个层级，分别为"单元""课文"和"节"，如本章开头所述，《新标准大学英语》慕课第三册包含 4 个单元，每单元 2 篇课文，根据课文内容，每篇包含 3～6 个小节，每小节包含 1～5 个视频。

第二节　慕课运行及优化

相比于慕课建设，慕课运行及维护更是一个长期的攻坚过程。一门好的慕课必须配备有良好的运行团队和完善的运行体系，确保教学效果，降低辍学率。

一、在线教学设计

在线教学包括学习课文和视频、完成作业（含主观题同伴互评）、参加单元测试（含主观题同伴互评）、参与课程论坛、通过论坛与教师互动。受条件制约，该课程没有进行直播课教学，也没有开展面对面互动答疑。此外，还借助了雨课堂、批改网、问卷星等网络学习网站辅助在线教学并调查检验教学效果。

在线教学设计指通过慕课平台来设计教学和实施教学，特别是教学交互的设计。在线教学设计主体部分其实由课程上线平台的功能决定，但是教师可以通过通知公告栏目和论坛栏目进行动态调整。我们在第三章和第四章通过案例分析了在线教学设计的各个环节，需要再次强调的是对教学计划的设计和教学评价的设计，这两个环节很容易被忽视，要综合考虑，给予学生足够的学习支持。

很多慕课上线后，主讲教师很少发通知和公告，就把课程交给平台运营方定期发布课程内容，而很少参与在线教学过程，这是课程运行之大忌。另外，主讲教师对常见问题的解答，对学生遇到各种非常见问题的及时回复也是在线教学设计应该关注的内容。教师根据教学目标、教学计划通过通知公告引导学生开展课程学习，全面关注学生的学习进度、学习过程中存在的问题、作业批改环节发现的问题等，都会让学生感觉到教师的存在。在慕课兴起初期，有教师专门给社会学员提供线下答疑服务，约定学生在某个地方见面，回答学生的问题，也有教师开直播课，解决已经录制好的慕课存在的问题，和学生讨论作业、答疑等。随着腾讯会议、腾讯课堂等在线直播平台的成熟，开展直播课进行答疑，也是教学设计时应该予以积极考虑的。通过直播课，让学生和主讲教师有线上面对面交流的经历，这是给学生提供情感支持的重要手段之一。

课程考核及评价是慕课的又一重点，前文已经有所描述。就《新标准大学英语》慕课而言，我们对选课学生采取了"慕课考核 + 课堂教学考核"的方式，"慕课考核"包括课件学习、线上作业、论坛、测试及考试，"课堂教学考核"包括课堂表现、作业、期末考试等。

二、在线教学运行

在线运行非常关键，不是简单的按期发布视频那么简单。一门完善的慕课需要制定详细的课程计划，以相对不变的计划来应对学生变化的学习时间，这个在教学设计环节就已经讨论了。慕课的运行需要综合考虑教学内容、平台功能、教学设计三个方面。慕课的运行负责人不仅仅需要掌握慕课平台的功能，更需要熟悉教学内容、用心设计教学，才能将教学内容有效地通过慕课平台高效地传递给学生，才能够将慕课用"活"。

我们认为慕课运行至少要包含以下工作：

（一）课程计划

慕课运行工作的开展建立在详细的运行教学日程安排之上，以《新标准大学英语》第三册为例，《新标准大学英语》第三册共 4 个单元，正式运行周期为 13 周。学生一般会提前注册课程，去了解课程信息，如课程大纲、课程教学简介、课程目标、课程运行计划等内容，与此同时参与简单的教学互动，如论坛中的 Self-introduction、Question & Answer 等。学生在此期间可自行决定是否选修这门课程，若选择则 9 月 16 日正式开始学习并计算学习分数，若退出则不计算学习分数。

课程正式开始后，每周定时发布公告，涉及相关的学习材料或单元测试和作业。测试和作业结束之后要及时公布答案及相应的解析。第 13 周为期末考试周，期末考试截止之后及时公布期末考试答案及最后课程总评分数。

一个好的教学计划应该是一清二楚的，在线教学不同于传统课堂教学，学习者全靠课程基本信息来了解课程的具体安排，而教学计划是宏观了解这门课程的最佳途径。

（二）公告发布

公告发布是慕课主讲教师与学习者沟通的主要渠道，影响学习者的主要学习行为。它贯穿于慕课运行的全过程，是教师运行课程好与不好的主要考核指标。通过公告发布，慕课运行的痕迹可清晰地呈现出来。我们认为，公告发布需要做到以下原则：

1. 语言准确、精炼

公告应清晰地告诉学生需要完成的学习任务的时间、步骤、要求等信息。一般来讲，如果描述任务的语言模糊，学生会倾向于以自己认为最轻松的要求去完成任务。

2. 即时、全面

慕课平台所有的教学步骤都应在公告栏中即时发布，一来提醒学生完成任务，二来让学生感受到教师一直在另一端与大家交流。教学本就不是一成不变的，运行过程中教学计划的变动是正常现象，只要即时发布相关通知事宜，对于提升学生参与感是有益的。

3. 有感情、有"温度"

慕课的学习基于网络，学生并不能与教师进行面对面的交流，缺少了面授课中的情感交流环节。好的教学应该是有"温度"的，慕课需要尽量在公告栏中让学生感受到教师关心学生、关注教学。因此在遣词造句时，并不能是机械地发布指令，需要鼓励学生学习，及时解决学生遇到的问题。

（三） 批改作业

慕课平台的作业分为主观题和客观题。客观题包含选择题、填空题、判断题，事先导入题目及答案解析，学生完成之后系统自动批改计分。主观题需要教师进行评阅。作业的批改是教师与学生进行互动交流的重要方式，教师提供的反馈越细致，学生就越能感受到教师教学的温度，激发学习的热情。尽管教师无法全部批改慕课学员的作业，但是可以批改几份作为示例，一方面可以鼓励学生继续学习，另一方面，也可以发现一些问题。

（四） 讨论及答疑

讨论及答疑是慕课平台进行交互式教学的主要途径之一，学生面对视频讲解时可能感受不到自己与教师间的互动，但通过讨论，学生既可以与其他同学进行互动，也可以和教师进行交流。

《新标准大学英语》（综合教程）慕课在运行时有两种讨论模式，一种为必答讨论题，一种为自由讨论题。

对于必答讨论题，建课前期脚本设计组就已设计好每篇文章 2～3 个讨论话题，平台运行教师只需根据课程进度上线讨论话题即可。这类题型与视频内容相呼应，是教师视频教学的延伸和检测手段。必答讨论题对于数量、字数、回复其他同学次数都有硬性规定，并且计入平台最后成绩，这就保证了学生完成每篇课文的讨论学习任务。

对于自由讨论题，则由主讲教师在课程运行时，根据每轮运行时教师个性化的教学需求，由教师自行发布。这类题型不要求数量、字数、回复次数，也不计入平台最后成绩，这既保障了教师个性化教学的开展，也给予学生对不同主题自由发表观点的机会。

答疑板块从课程运行开始就对学生开放，学生可以就课程内容、平台使用的问题进行提问。《新标准大学英语》（综合教程）慕课每周安排两位教师负责答疑区的问题回复。答疑板块通常会有三种类型的问题：

第一类为课程内容相关的问题；

第二类为英语学习相关的问题；

第三类问题主要是平台存在的问题。

三、作业及同伴互评

《新标准大学英语》（综合教程）慕课是和重庆高校在线开放课程平台一起成长起来

的，重庆高校在线开放课程平台（简称 CQOOC），而《新标准大学英语》（综合教程）第二册是第一批在该平台上线的课程。每一个课程平台在起步阶段都存在不少问题，CQOOC也是在不断的总结经验中逐步完善的，但是尽管如此，到目前为止，该课程平台在线教学功能还是有一些问题，如"同伴互评"功能就有待完善。

四、学习支持设计

通过对国内外慕课平台英语慕课学习支持服务的对比和分析，现行的英语慕课可以借鉴其优秀模式，进行学习支持服务设计。本研究以重庆高校在线开放课程平台上的《新标准大学英语》（综合教程）第三册的第一单元为例，阐述其学习支持服务的具体设计。

（一）导学支持服务设计

英语慕课应给予学生最大的导学支持，使学生明确学习目标、学习路径，才能高效地完成课程学习。通过多元化、多种类的支持服务，使学生得到最大程度的清晰指导，以便更好地进行课程的自主学习。

1. 课程简介清晰、目标设计明确

课程简介作为课程选择支持的核心内容，是影响学习者做出课程选择的重要因素，课程简介应包括课程大纲、课程特色、教学团队等的介绍。这一部分的内容使学习者对课程以及教学团队有进一步的了解，对激发学生学习课程的兴趣有重要影响。对于整个课程简介和课程特色应该提供相应的导学视频进行介绍，采取不同的方式给予学习者不同的学习视觉与听觉的感官体验。《新标准大学英语》（综合教程）第三册在课程首页给学习者提供了简要的课程介绍，让学习者可以清楚地了解到本课程的主要内容及目标。

2. 课程大纲准确，易于理解

《新标准大学英语》（综合教程）第三册在课程首页提供了该课程的教学大纲和教学内容，大纲中清楚地呈现了课程介绍、课程目标、教学内容、教学方法以及学习评价方法。该课程根据教学单元进行分类，一共分为 4 个单元，8 篇文章。

实际上教学大纲很容易和教学计划混淆，教学计划是对教学内容的具体教学计划的安排。《新标准大学英语》（综合教程）慕课并没有给学习者提供详细的周学习计划（由于起初重庆平台不支持学习计划的提交，课程组设计了详细的教学计划，但是没有上网），希望各位读者在建设课程时尽量提供详细的教学计划，教学计划要具体到每一周的每一个教学活动。

作为补充，《新标准大学英语》（综合教程）慕课在具体学习内容安排上清晰呈现了各小节知识点。优秀的慕课具有完善的教学计划，需明确告知学生每周要完成的、具体的学习内容及完成的具体时间。

3. 课程定位准确

尽管本课程未明确写出学习者需要具备的预备知识，但在适用专业这一栏目中提出学习人群是非英语专业大二学生，本课程学习者应该具有高中英语及以上预备知识。通过了解本课程对学习者预备知识要求，学习者即可判断自己是否有条件学习该门课程。

4. 教材教参设计

本课程的教材明确为外语教学与研究出版社出版的《新标准大学英语》（综合教程）第三册。准确提供教材及相关参考书目，对慕课学习者的帮助都是非常重要的。在资源触手可及的现代社会，资源质量甄别显得格外重要，主讲教师要严把资源质量关，给学生提供精品资源，帮助学生节省时间，有效提升教学质量。

5. 评分标准/证书要求设计

本课程对学习者学期总成绩的判定有清晰的安排，但课程并未向社会学习者提供课程完成证书。随着慕课学分认证的推进，课程完成证书是对学生学习成果的肯定和认证，是慕课学分认证的主要支撑材料之一。部分慕课社会学员对证书也有着强烈的需求，他们以获得证书为持续学习的动力。

（二）资源支持服务设计

资源是教学内容的载体，是影响学习者学习效果的重要因素。英语慕课课程可提供三类资源：基本资源、扩展资源、生成资源。基本资源包括学习策略、视频/音频、电子教材、课程讲义、英文字幕；扩展资源包括站外链接、推荐网站等；生成资源包括作业展示和 Wiki 共建。

1. 基本资源

学习策略支持对慕课学习者尤为重要，可以帮助学习者做好应有的课前准备以及学会使用何种策略进行学习，为具体内容的学习打下良好的基础。有些课程，如英国 FutureLearn 平台中 Explore English：Shakespeare 这门课程，在课前每位授课教师通过视频为学生提供相关的学习策略或建议。

电子教材、课程讲义和英文字幕可主要通过 PDF 文档的形式呈现。可将视频内容文字化和图片化，形成课程讲义；可提供课文的电子版及字幕的电子版，方便学生学习。提供文档下载功能，便于学习者在观看完视频后整理相关笔记或温故知新。

2. 扩展资源

扩展学习资源可以提供与课程关系密切的推荐阅读书目、链接资源、知识拓展等。由于视频时长或内容安排上的缘故，在视频中呈现较为简略或缺少呈现，但对于拓宽学习者知识视野又有所助益，同时一些补充资源还适当地增加了内容难度，使学有余力的学习者可以进行适当地拓展。

3. 生成资源

生成资源主要是作业展示和 Wiki 共建。教师可以将学习者的优秀作业分门别类选拔、归纳、整理和展示，供以后的学习者学习借鉴。Wiki 的一个最重要的功能就是学习者参与学习资源建设，学习者可对教师给出的主题进行查看、编辑和修改，也可以自己增加主题，任何人都可以在原有的基础上进行修改。学生不仅是慕课的学习者，也是建设者。

（三）活动支持服务设计

活动支持主要在于在线论坛、网络社区和其他活动的组织。

1. 在线论坛

论坛是本课程最主要的活动支持服务，学习者不限讨论内容，可以进行学习交流互动、问题讨论等。《新标准大学英语》（综合教程）慕课第三册在运行时有两种讨论模式，一种为必答讨论题，一种为自由讨论题。

2. 网络社区

教师可以组织学生通过其他社交工具（如微信、QQ 等）建立学习群，方便学习者进行线上线下交流讨论。更容易激发学习者的互动热情和兴趣，拓宽了学习互动的渠道和形式。《新标准大学英语》（综合教程）慕课第三册建立了 QQ 交流群，助教教师可在群内上传学习资料、发布公告、及时答疑。该课程的慕课学习者可以通过学习群和同伴交流、互动。

教师还可组织直播或者线下活动，方便教师和学习者进行线上线下交流，以此激发学习者的互动热情和学习兴趣，也丰富了师生、生生交互的形式。学生在学习过程中容易产生孤独感，通过不同形式的活动支持服务，可以增强学习自信心。教师还可建立笔记分享专区，鼓励学生相互分享笔记，交流学习心得。

（四）评价支持服务设计

本课程的评价主要包括过程性评价和终结性评价。过程性评价主要是作业、测试和观看视频；终结性评价主要是期末考试。评价的主体应该多元化，不仅有电脑评价、老师评价，还应有同伴互评的形式。《新标准大学英语》（综合教程）慕课有同伴互评功能，但是互评功能较为简单。

同伴互评应注重提供清晰评价标准。在学习者双方相互批改、评价对方作业的这个过程中，学习者得到了他人对自己作业的评价和看法，而评价者也能在过程中学到他人的做法和成果，并与自己的作业形成对比，从而丰富了学习者看问题的角度，加深对知识的理解和认识。另外英语慕课也可以将论坛的参与度作为过程性评价的一部分，以鼓励学生多参与论坛讨论。

（五）管理支持服务设计

《新标准大学英语》综合教程慕课第三册提供了较为完善的管理支持服务。

1. 通知公告

此课程的通知公告包括每周开课提醒、学习任务、临时通知以及答案公布等内容。在发布公告的同时应注意标出重点内容，吸引学生的注意力，激发其学习兴趣。

2. 学习进度查阅功能

学生的学习进度情况非常直观，可展示总体学习进度和每个小节的学习进度。

除此以外，还可以看到所有学习者的学习排行，可根据登陆次数、登陆时长、参与讨论的次数以及测试分数进行排行。通过公开的学习排行榜，学生可了解其他人的学习进度，也可以激励学生保持学习热情。

3. 讨论区管理

讨论区主要分为答疑和讨论两个板块。讨论板块在活动支持部分已经讨论过，就不再赘述。答疑板块从课程运行开始就对学生开放，学生可以就课程内容、平台使用的问题进行提问。《新标准大学英语》（综合教程）慕课第三册每周安排两位教师负责答疑区的问题回复。

（六）技术支持服务设计

技术支持方面，由于平台限制，在线笔记功能和多终端运行还未实现。在本门慕课中，主要采用在线问卷的形式测试学习者的学习风格以及学习预备能力，如"您报名本课程的原因是""您是否学习过本慕课课程"。学习者分析对于慕课尤为重要，这是由于慕课受众人群数量庞大，课程学习者成分复杂，他们可能是来自各行各业的从业人员，因此存在着预备知识、学习能力、学习风格的巨大差异，而通过学习者分析，课程制作者就可以更好地了解学习者的成分，以便为学习者提供更精准的内容和服务。

（七）情感支持服务设计

情感的支持大部分是同伴之间的交流、互动和鼓励，还有一部分是与教师和学生之间的互动和反馈。完善的情感支持设计有利于提高学习者的学习动力，保持其学习兴趣，提高英语慕课的完成率，降低辍学率。教师可以通过其他社交工具建立学习社区，鼓励学生相互交流学习。

"新的教学模式应以现代信息技术，特别是网络技术为支撑，使英语的教与学可以在一定程度上不受时间和地点的限制，朝着个性化和自主学习的方向发展。新的教学模式应体现英语教学实用性、知识性和趣味性相结合的原则"。除了保证优质的教学视频，英语慕课的学习支持服务是保证学生完成学习目标的重要因素。

五、课程优化

慕课是教师教学智慧的数字化产物。教师的教学过程是一个不断优化完善的过程，慕课也需要不断地进行优化完善。随着实际慕课运行的开展，教师需要根据不断变化的学生需求、现实情况、平台情况进行教学内容及教学设计上面的调整。这些调整可以发生在慕课运行的过程当中，也可以是每轮慕课运行结束之后。慕课的优化可分为以下几个方面：

（一）视频学习内容的优化

平台上的学习内容主要是视频。对于视频，最基本的优化就是纠错。因为平台上的内容是固定的，不像面授课那样教师可以马上更正错误，且慕课受众学生数量更多，因此即使是一个小错误，也会带来持续广泛的影响。此外，对于一些设计不当的视频，必须要重新下线设计。

（二）配套材料的优化

配套材料包含试题、作业、讨论题、测试、大纲等材料。配套材料的优化当然包括纠错，但是它的优化可以算是对慕课主要学习内容优化的补充。视频更改相对耗时费力，而配套材料通常是 word、PDF 等容易编辑的文件，且方便二次编辑。此外，我们发现有些学习内容并不一定适合以视频的方式呈现，比如语言点的讲解。倘若某篇文章的重难点词汇太多，那么将他们全部以视频的方式呈现，学生容易产生倦怠。因此可以使用 PPT 文档的形式将语言点讲解上传到平台，学生可以自行下载，根据自己的具体情况，挑选相应的词汇进行学习。

（三）慕课运行的优化

慕课运行的优化涉及方方面面。比如平台公告的讲解方式、发布频率、发布内容的调整，平台论坛题目的更新，论坛互动方式的调整，视频学习内容与配套材料的配合等方面。

（四）平台功能更新带来的优化

平台在运营的过程当中，会不断地根据院校需求进行功能的更新。这些更新如果有益于教学设计的话，课程组也应当做出相应的优化，丰富慕课教学设计，用于服务教学。如有些平台初期并不支持字幕开关，在此功能上线之后，课程组就应做出相应的字幕文件匹配，或者调整以前的视频格式，将原有视频自带的字幕去除，搭配外挂字幕，方便不同学生的需求。优化可以基于调查问卷、师生访谈、课程组研讨。

慕课的优化方案必须是有根据的，是建立在调查问卷、师生访谈、课程组研讨的基础之上的。优化方案从提出到执行和视频制作、脚本制作的过程一样，需要进行审核。慕课的优化方案必须是详细的，细致的方案才能保证优化过程一步到位，以免优化过后带来新的问题。

第八章　翻转课堂中慕课理念的应用

本章首先探讨了慕课和翻转课堂的缘起与发展，并讨论了慕课和翻转课堂的定义、内涵、要素和种类，突出慕课开放教育资源的特点。其次，层层递进，依托文献在梳理了国内外翻转课堂研究以及大学英语翻转课堂研究的基础上，分析了慕课与翻转课堂同步与异步混合方式，并最终分析探讨了慕课与大学英语翻转课堂混合的方式及存在的不足。

第一节　翻转课堂

一、翻转课堂的定义

翻转课堂也被称为"颠倒课堂"或"反转课堂"，目前翻转课堂尚无科学系统的定义，国内外学者从不同角度深入探讨和研究了翻转课堂的概念，笔者梳理了相关文献，发现国内外学者大致从以下五个方面定义翻转课堂。

第一类是从教学活动的顺序出发定义翻转课堂。早期实践者将翻转课堂称为"颠倒教室"。顾名思义，他们认为翻转课堂就是"将原本在课上进行的教学活动放在课下进行，课上的时间则用来解决小组和个人的问题或是讨论、做实验，即翻转课堂颠倒了传统课堂教学和课外活动的顺序。国内也有学者认为所谓翻转课堂就是把"老师白天在教室上课，学生晚上回家做作业"的教学结构颠倒过来，构建学生晚上回家学习，白天在学校练习的课堂结构，是课内外教学任务"主次颠倒"的教学实施方式。

第二类是从课内外学习空间转变的角度定义翻转课堂。外国翻转学习网络首先创造性地使用了"翻转学习"这一术语代替翻转课堂，以扩大后者字面上的外延及消除可能产生的误解，并界定了翻转学习，认为"翻转学习是一种教学方法，这种教学方法将直接教学的行为从小组学习空间转移到了私人学习空间，而小组讨论空间变为一个动态的、互动的学习场所，在这个场所，学员们将概念应用于实践，更加积极主动地参与课堂主题，而教师的角色是指导者"，学界称之为翻转课堂2.0版。国内也有学者从学习空间转变的角度探讨翻转课堂，认为翻转课堂中课堂变成了"教师和学生的互动场所"。

第三类摒弃了颠倒和转变的视角，从课内外不同教学活动整合的角度定义翻转课堂。有学者认为翻转课堂是面对面交流与计算机媒介交流的系统整合，还有学者则认为翻转课堂是将课堂上师生面对面的接触转变成各种形式的讨论，促成学生发现式学习并巩固知识。有专家指出翻转课堂"就是在信息化环境中，课程教师提供以教学视频为主要形式的学习资源，学生在上课前完成对教学视频等学习资源的观看和学习，师生在课堂上一起完成作业答疑、协作探究和互动交流等活动的一种新型的教学模式"。国内也有研究者将翻转课堂学习过程分为课前、课内和课后，细分了翻转课堂不同的教学活动，认为翻转课堂课前教学活动是教师创建教学视频，学生课外观看教学视频、完成测试、提出学习中的问题，而课堂活动则是师生面对面交流，完成作业答疑，进行探究性、协作式学习等，课后，师生及时评价与反思课堂教学。也有学者认为在翻转课堂课前，学生不仅要观看教学视频，还要观看教师制作的数字材料，包括音视频、电子教材等，课外完成针对知识点和概念的自主学习。

第四类从建构主义及学习理论角度探讨翻转课堂，认为翻转课堂是建构主义理论下的混合学习。有学者认为翻转课堂学习者是在课外通过学习信息的传递，在合作的环境下主动、创造性地建构知识。另有学者则认为翻转课堂是原本被认为无法兼容的两种学习理论的独特整合，即整合了基于行为主义的直接讲授教学和基于建构主义的主动及基于问题的学习。因此，翻转课堂由课前学生自主学习和课内交互学习两部分组成，二者不可或缺。国内也有学者认为翻转课堂是在学习理论指导下，运用现代信息技术拓展教学时空，从而发挥学习者主体作用的一种新型信息化教学模式，是以学生为中心的混合教学。

第五类运用了广义和狭义的双重定义。国内一位学者提出了翻转课堂广义和狭义的双重定义。广义上，翻转课堂是将学习过程的两个阶段——知识传输和知识内化进行了颠倒，知识的传输发生在课外，知识的内化发生在课堂上。狭义上，翻转课堂是借助信息技术的手段将原本在课堂内的知识传输环节转移到课外，并且假设在课外学生的学习效果等于甚至优于传统课堂中教师的讲授效果；而在课堂中，教师和学生在面对面的交流、协作中通过多种活动完成了知识的内化，在整个过程中，信息技术为其提供支持。

国内外学者从不同角度定义的翻转课堂，无论从教学顺序的变化、学习空间的转变还是教学活动的整合等方面出发，均体现了翻转课堂固有的一些特征，但定义纷繁芜杂，缺乏对翻转课堂总体特征的把握，进而导致教学实践的困惑。综合国内外相关研究，笔者认为目前对于翻转课堂的理解偏差主要体现在以下三个方面。

首先是对视频技术作用的夸大。有不少学者将翻转课堂等同于微视频，而媒体对翻转课堂"视频再造教育"的报道，事实上起了推波助澜的作用。相应地，翻转课堂课程建设就是微视频库的建设，这将导致教师花费大量的时间和精力制作教学视频，结果却并不如预期那样。实际上，虽然视频很重要，但它并不是翻转课堂最关键的元素，只是进行更为深入的翻转课堂学习的敲门砖，翻转课堂最为关键的因素是对课内时间的重新利用。

其次是对翻转课堂本质的误解，认为翻转课堂是"新瓶装旧酒"，是传统课前预习的高技术版本，即将传统的课堂讲课内容微视频化，供学生课前预习，因此，只要课前有预习环节就是翻转课堂。甚至虽有学生课前预习，但仍以教师为中心的课堂，亦被冠之以"翻转课堂"的头衔，谓之以"教学改革"的称呼，这就导致了教学实践中的困惑。而实际上，翻转课堂是对传统教学理念的彻底变革，并非课前预习的简单视频化和"先学后教"理念的翻版。

最后是对翻转课堂核心概念的曲解，认为翻转课堂增加了学生学习时间和学业负担，而实际上，翻转课堂是个性化学习，它压缩了传统课堂教学中的时间"泡沫"。有研究表明，翻转课堂学习所用时间仅为原来的1/5，而且课内学习更深入，提升了学习效率，学生能更好地预估家庭作业量。学生观看教师布置的视频所用的时间比完成传统家庭作业的时间少，因此，总体来看学生并没有增加学习负担。

综上所述，统一有效的体现翻转课堂核心概念的定义显得尤为重要，翻转课堂颠倒了传统教学结构，表现出·些显著的特征，笔者在下一节中将进一步探讨翻转课堂的显著特征。

三、翻转课堂的特征及要素

在深入分析国内外相关研究的基础上，笔者提出如下基于翻转课堂核心概念的显著特征。

（一）个性化的"掌握学习"

掌握学习理论由国外一位心理学家最先提出，他反对用评价手段将学生分等级，认为教育是使每个学生都得到发展。所有的学生都有学好的潜能，只是所需要的时间不同而已。若给予足够的时间、明确的标准和及时的帮助，所有学生都能够掌握得很好。翻转课堂首要的特征就是信息化与个性化，而个性化学习的理论基础正是掌握学习理论，因此，翻转课堂蕴含"掌握学习"模式。

传统课堂中，教师以班级中等学生为标准设定课程进度，以使班级大多数学生都能接受，却无法兼顾班中的学困生及优秀学生。而在翻转课堂中，由于知识异步传授，学生可"自定步调、自定节奏"，既可暂停、倒退或重复教师的讲授，也可通过网络社区等形式寻求教师或同伴的帮助，有利于根据个人情况完成学习，夯实基础。这种个性化学习既能有效地帮助学困生，又能使学有余力的学生不受集中听讲的束缚，更多地关注拓展内容，并在帮助他人过程中巩固知识，加深理解。教师可通过学习管理平台及时发现问题，并立即介入，给予学生及时讲授，从而解决了忽视学习中"瑞士奶酪式"间隙等问题。有人认为通常学习中有"瑞士奶酪式的保证通过原有基础继续建构的间隙"，这个间隙就是指学生在原有基础上学习新知识所需花费的时间，而每个学生所需的时间是不同的，提供足够的间隙能有助于学生掌握所学的内容。因此，在翻转课堂中，所有学习者都能受惠。

（二）优化的认知过程

翻转课堂并非课堂教学与课后活动次序的简单颠倒，也不是简单的先学后教理念的翻版。翻转课堂的精髓是根据认知负荷和认知过程选择合理的学习场所和学习方式。有学者将认知领域目标分为六大类，即识记、领会、运用、分析、评价和创造，其中识记指从记忆中提取、回忆和识别知识；领会指理解意义，转化、改写和解释说明问题；运用指将概念运用到一个新的情境中或自发地使用一个抽象物；分析是指为了让组织结构能被理解，将组成部分中的材料和概念进行区分；评价指根据一定的标准和指标通过检查或批评而做出判断；创造指将要素重新组合成一个新的模式或结构。前三类为低层次认知目标，而后三类则被认为是高层次认知目标。

翻转课堂课前主要是知识的传授，因此，主要培养低层次认知能力；而课内关注知识的拓展和应用，培养创新及批判思维，因此，更多的是高层次认知能力的培养。翻转课堂信息化教学前移使学生既有更多的时间锻炼高阶思维能力，也有更多的时间锻炼识记及初步应用等低阶思维能力。

在这种重构的学习环境中，学习效率得到显著提升，学习更为专注和投入，所需学习时间也更少，而效果并未降低。有专家指出："每个单元仅需原来25％的时间，而且学习效果比翻转前更佳。"

（三）灵活的翻转模式

推出翻转课堂的目的之一就是帮助学生以灵活的方式补上落下的课程。灵活性是翻转课堂的核心，这不仅是指翻转课堂教学时空的灵活和多样，还指教师可根据教学风格、学生特点及其他因素，采用不同的教学方式。

国外翻转课堂在教学模式上比较灵活，既有全部翻转（国内称为"前后翻"），形式包括"家校翻"和"校内翻"，即知识传授这样的前置学习在家庭或学校进行，而课堂全部用于知识内化活动，也有部分翻转（国内称为"半空翻"），即知识传授和内化均在课内，即课堂上既有前置学习又有知识内化活动，以满足家庭学习条件不够的学生或减轻学生课外学习负担。

此外，教师还可根据某个单元具体学习内容，采用一种或多种翻转课堂教学模式。翻转课堂教学环境相对灵活，除教室物理环境外，学生可利用电脑或自带设备方便地开展"泛在学习"。翻转课堂尤其关注形成性评估，其评估体系也更为灵活多样。

（四）增强的交互模式

翻转课堂成功与否的关键并不在于视频的应用与否，而是视频使教学前置，从而提供给师生充足的课堂交流活动时间，因此，翻转课堂蕴含交互型教学模式。翻转课堂通过技术手段增强了师生之间的交互性，营造良好的师生关系。教师不再是讲台上的"圣人"，而是学生的顾问、朋友和专家。教师既能与学生在虚拟空间随时互动，了解学生课前学习的困难并给予及时的帮助，又能有更多的时间与学生在课上开展面对面的互动交流，提供个性化的辅导。学生则通过合作学习与同伴互助，增强交流，并在交流过程中产生信息重组，建构知识，而不像传统课堂那样整堂课都忙于听讲和记笔记。翻转课堂中教学视频和公开的教学要求也增强了学校与学生家长的交互性，从而配合学校督促学生完成课外学习活动。

（五）专业化的教师角色

教师是翻转课堂的重要因素，与传统课堂相比，翻转课堂赋予了教师更加重要的角色，给予了教师更大的教学自主权，也提出了更高的要求。教师需要具备更高的水平和能力，即不仅拥有过硬的教学能力，还应该具备高水平的信息化素养和课堂管理能力。

具体说来，翻转课堂的有效实施首先就是教师角色的转变。传统课堂中教师是知识的传授者和学生的管理者，而学生是被动的信息接收者。但翻转课堂的"课外知识传授"和"课内知识内化"的策略，使教师转变为教学的设计者和学生学习的促学者。同时，对教师也提出了更高的要求，教师不仅要有深厚的学科素养，还要有正确的教育教学观、课堂组织与驾驭能力，并关注学生多方面的发展。教师需要分析教学目标，决定哪些内容适合讲授，哪些内容适合学生课前自学探索，哪些内容适合协作学习，还要能制作教学视频，组织课堂和管理课堂，并及时反馈学生问题，评估学习进程。

其次，在翻转课堂中，学生已不是知识的被动接受者，而是主动学习者，是翻转课堂的主体，基于项目和问题的主动学习能够提高学生的学习动机并且锻炼高阶思维能力。学生课前自主管理，自行设定学习节奏，异步学习，课内积极参与知识内化活动以及课内外师生互动交流，分享信息或寻求帮助，并以此探索和建构知识。

再次，信息技术在翻转课堂中发挥了重要的作用。这首先是因为教学资源及相关教学指导信息的发布若有信息技术的支撑会更便捷。其次师生需要信息技术的支撑开展互动交流，而教师也需要信息技术了解学生的学习情况。因此，信息技术助推了翻转课堂，即信息技术作用由传统的内容展示成为自主学习、交流反馈和协作讨论的工具。

最后，翻转课堂中教学内容的形式也从传统的文本转向多模态多媒体的教学资源，尤其是微视频。课堂教学内容也由知识传授变为基于问题和任务的学习；而教学流程则从传统的课堂讲解、课后练习转变为课前学习、课堂探究的形式。

综上所述，翻转课堂是以学生为中心，以学生的学习活动为主线，在教师的指导下，运用信息技术自主学习课程内容，教师与学生在多维环境中组成双边互动的教学过程。

四、翻转教学

翻转课堂实际拓展了传统课堂概念的外延，其研究视角已远远超出了传统物理课堂范畴，它不仅包含虚拟的网络课堂，而且涵盖教学各要素。鉴于此，有人提出了"翻转教学"的概念，并以此代替"翻转课堂"。有学者区分了翻转教学与翻转课堂，认为翻转教学是翻转课堂的高级阶段，翻转教学更为关注学习方法的有效性，并使学生投入实际的课堂交互中去，而翻转课堂指学生在家观看教学视频，然后在课堂上完成传统家庭作业，是把直接教学从集体学习空间转移到个人学习空间，但它"只是高效传授内容的一种策略，翻转课堂的学习仍然很大程度上是以老师为中心"。笔者搜索了相关文献，认为国内对于翻转课堂的研究已远远超出学者对于翻转课堂的狭义定义。许多国内学者的研究涉及利用信息技术等手段在翻转课堂中开展以学生为中心的学习，因此，笔者认为国内翻转课堂的研究已与学者所提出的翻转学习类似，为名称统一起见，本书中仍沿用"翻转课堂"这一名称，并视"翻转课堂"与"翻转学习"为同义词。

第二节　混合慕课

慕课以其大规模开放教育的理念，触动了教育改革的神经，成为当前教育改革的最强音。但慕课在实践中也突出地存在着一些问题。

首先是慕课的低完成率。慕课学习者可分为五类，即爽约者、旁观者、临时访问者、被动参与者和主动参与者，真正参与并完成课程学习的并不多。其次是个性化学习体验的缺失。尽管以注册人数为基数的课程完成率计算方式可能过于简单，但慕课单调的视频讲座，交互工具缺乏人性化以及同伴互评及自动评价的方式削弱了个性化学习体验，尤其是缺乏统一标准的同伴互评方式对完成率有较大的负面影响。最后是认证的不完善。尽管部分高校已开展实际行动，推出了慕课学分认证机制，但慕课学生身份认证的缺陷及学分认证的不完备导致学习效果受到质疑则是一个不争的事实。

有学者总结了目前慕课存在的六大问题，即完成率不高、教学模式囿于传统、难以实现个性化学习、学习体验缺失、学习效果难以评估及学习成果缺乏认证。国外也有学者指出无法有效保持学生的学习动机和参与度，在学习共同体中缺乏鲜活的展示和人际接触是慕课的短板。

事实上，慕课并非解决高等教育的灵丹妙药，而是推动教育与技术深度融合的催化剂。对慕课既不能"冷眼旁观"，也不能"拿来主义"，而要冷静对待，消化吸收。慕课与面对面教学互有优势，是一种相互借鉴、互为补充、彼此促进的互惠关系，而不是彼此消解和替代的破坏关系，传统教学有其固有的优势和特点，不能被完全取而代之，尤其是网络交互不能取代面对面的交流。慕课作为面对面教学的有益补充，以混合增强学习方式，整合课内和课外的学习，通过融入数字媒体、信息技术设备和网络社交媒体，混合和扩展传统教学，使之泛在化。这种方式也被称为"第三种学习方式"，是用技术支持学习的个性化和泛在性，代表了教育信息化的未来发展趋势。

混合慕课即属于这"第三种学习方式",它采用混合学习和翻转课堂的模式,将慕课与传统课堂结合起来,既具有关注知识传递的结构化 xMOOC 的特点,也具有关注社会化网络学习的非结构 cMOOC 特征,同时兼有传统面对面教学中教师指导和情感交流的益处,因此,混合慕课是慕课发展史上的里程碑,标志着慕课与传统教学深度融合的趋势,被称为慕课3.0。目前混合慕课正在逐渐推广,并被认为是最有可能被接受的。

第三节 慕课与翻转课堂的混合

目前慕课与大学课程的混合方式主要有两种,即同步形式和非同步(异步)形式。非同步融合或称为异步融合,即将部分或几个慕课的学习资源作为混合课程额外的数字学习资源,学生仅学习慕课中的这些资源,但不参与慕课其他课程模块,作业、讨论及评价等仍属于本地大学课程。同步融合指学生学习慕课的学习资源并有效参与其他社会活动,如论坛讨论、同伴互评,而教师在课堂内则提供额外的学习资源和反馈,以支持和促进学生慕课学习。笔者认为两种方式的核心是本地大学课程和慕课课程在混合课程中居主要地位的问题。目前,在多数情况下,教师仅将慕课作为数字资源与本地课程结合,即采用了非同步的方式,学生并没有参与慕课的讨论及作业区,因此慕课并未与翻转课堂深度融合。

一、慕课与翻转课堂的异步混合

最早提出将慕课与翻转课堂相结合的是国外一位大学助理教授。他由于来不及录制自己的课程,遂决定采用某网站上某位教授的课程,以"打包"的形式与自己的课程融合,并采用翻转课堂教学方式,以此希望能与学生多一些时间一起解决问题,而不是像原先一样只讲一些抽象概念。该教授最早使用了"打包"这个词来描述此类课程结构。该词来源于机器学习研究,原指将一种算法嵌入另一种算法之中,现指将面对面课堂教学嵌入慕课的一种方式。学生在课前需要参加部分或全部慕课学习,教师在课堂上通过面对面交流补充网上学习内容。

这种将翻转课堂"打包"形式融入慕课的好处是使学习更灵活、更富个性化,而且网上讨论、分享问题解决策略和方法对学生帮助很大,但最大的问题在于慕课和翻转课堂的耦合和聚合。耦合是模块之间相关联程度的度量,而聚合则是模块内部各成分之间相关联程度的度量。慕课和翻转课堂既要各具独立性，在课程内容上又具有相关性，即所谓的"高聚合低耦合"。然而，慕课课程相对固定且具时效性，为达到与慕课的聚合，翻转课堂的教师只能使用某门慕课课程的部分内容，或者使用多个慕课课程的内容。

另外一位外国学者对社会学课程进行了相似的探索和研究，但与上述不同的是，他自己开发了相关慕课课程。他的慕课分为九个模块，涵盖社会学介绍和理论及实践部分。学生除课前网上学习他的视频讲座外，每周还需参加两个小时的工作坊学习，主要探讨学习中的问题并完成单元作业。尽管学生反映这种形式灵活，收获大，但在课堂教学中，他的课程仍以讲授为主，因此，笔者认为仍属于传统课程范畴，并不能算翻转课堂。

国内有学者探讨了慕课作为资源平台融入翻转课堂以均衡教学资源的两种模型，并提出教学资源匮乏的学校可利用慕课开放、共享、协作的特性，实现与教学资源丰富的学校资源共享，优化教学效果。

二、慕课与翻转课堂的同步混合

慕课多元开放的理念使之与翻转课堂混合后，学生不但能接触到高质量的学习材料和先进教学技术，而且能与全球学习共同体中的学生合作学习，并从教师及同伴中获得直接交流与反馈，藉此主动参与，提升学习动机及满意度。因此，无论线上还是线下面对面课堂中，师生及生生之间的交互是重要组成部分。

但从当前研究来看，慕课和翻转课堂的混合主要以非同步为主，慕课的在线学习理念未与翻转课堂深度融合，尤其是社会功能未被广泛使用。对于教师而言，如何采取恰当的办法，将一门或多门慕课课程与翻转课堂混合，以解决混合后非同步混合存在的耦合和聚合问题，是需要进一步研究的问题。

第四节　慕课与大学翻转课堂的研究

笔者以关键词翻转教学、翻转课堂、大学英语、慕课及 MOOC 搜索中国知网及论文库，共得核心期刊论文四篇，未搜索到相关学位论文。

国内基于慕课的大学英语翻转课堂研究极少，且实施的科目不仅包括通用大学英语，还包括大学英语后继课程。国内慕课与大学英语翻转课堂融合主要有两种方式：一是异步方式，即以微视频等资源的形式融入大学英语翻转课堂；二是自建慕课课程并使之与大学英语翻转课堂融合。尽管基于慕课的大学英语翻转课堂强化了学习动机、提升了学习策略及综合英语水平，满足了个性化的学习需求，但交互功能，如作业互评机制和在线互动交流尚不完善。现有研究仍以问卷及成绩分析等量化研究为主，质性研究较少。慕课未能同步融合大学英语翻转课堂，无法发挥其重要的社会功能，现有研究对此也缺乏应有的关注。

本章探讨了慕课的缘起、发展、定义、内涵、种类及要素以及翻转课堂的缘起、定义、特征和要素以及翻转课堂与翻转教学的关系，厘清了慕课和翻转课堂的核心概念并梳理了相关文献。

首先，慕课缘于开放教育运动，为学习者提供了开放教育服务和学习支持，慕课的定义突出在线开放课程的特点，国内外学者主要从大规模、开放及社会化特征角度定义慕课。慕课的种类主要分为三类：①基于内容的慕课（xMOOC）；②基于社会网络的慕课（cMOOC）；③基于任务的慕课（tMOOC）。慕课有三个主要组成部分，即课程视频讲座，课程测试以及互动交流，自动评分、同伴互评、互动交流和大数据分析技术。

其次，本章从翻转课堂的研究中总结出，翻转课堂有个性化的掌握学习、优化的认知过程、灵活的模式、增强交互性以及专业化的教师等特征。国外尽管翻转教学与翻转课堂定义有所区别，但在国内基本视为同义词。由于 xMOOC 基于内容而 cMOOC 基于社会网络，各有特点及利弊，慕课在实践中存在六大问题，由此产生整合 xMOOC 和 cMOOC 的优势的慕课 3.0 版——hMOOC，标志着慕课与传统教学深度融合的趋势。

最后，本章环环相扣，步步推进，不但梳理了国内外翻转课堂研究，指出研究方法缺乏多元化、质性研究不足的主要问题，而且从大学英语网络教学改革中存在的问题入手，分析了大学英语翻转课堂相关研究以及存在的问题，并进一步从混合慕课的角度，探讨了慕课与翻转课堂同步和异步混合的方式，以及基于慕课的大学英语翻转课堂的研究存在的问题和研究的可行方向。

第九章 基于慕课理念的高校英语翻转课堂多元课程

本章中笔者将从翻转课堂内涵、慕课与大学英语翻转课堂深度融合的目标、内容和方式、翻转课堂与学生能力素养的培养为出发点，从目标定位、学习资源的融合、活动设计、平台融合及评价体系的多元化着手，探讨基于慕课理念的大学英语翻转课堂多元课程体系。

第一节 基于慕课理念的高校英语翻转课堂内涵

基于慕课理念的大学英语翻转课堂的内涵包括慕课理念与大学英语翻转课堂的深度融合、基于慕课理念的大学英语翻转课堂教学及学生能力的培养。其中深度融合是方式和手段，能力培养则是目标。慕课理念与大学英语翻转课堂的深度融合主要从融合的目标、融合的内容以及融合的途径三个方面进行论述；基于慕课理念的大学英语翻转课堂教学主要从后现代课程理论视角加以论述。基于慕课理念的大学英语翻转课堂对学生的能力培养主要从学生素质能力的发展方面加以论述。

一、慕课与大学英语翻转课堂深度融合

国际上信息技术与课程的整合（ITCI）经历了三个发展阶段，即 WebQuest（基于网络的探究）阶段、TELS（运用技术加强理科学习）阶段和 TPACK（学科内容、教学法和

技术整合的新知识）阶段，体现了信息技术从课堂外到课堂内、从网络学习到与传统教学优势互补的发展过程。

与前两个阶段相比，TPACK 革命性的变化是摒弃了传统整合长期以来为追求技术普适化，而忽视实际教学复杂性和情境性的弊端。无论 WebQuest 阶段，还是 TELS 阶段，人们希望信息技术能一站式解决教学中存在的问题，但实际上信息技术与教学在整合的深度和广度上都不足。TPACK 注重技术、内容和方法三者之间双向、动态的平衡，彻底改变了人们对技术的传统认识。因此，不同于传统整合仅停留于"如何运用技术改善教与学环境或教与学方式等"，深度融合是对教育系统的结构性变革，尤其是课堂教学结构的根本变革。从这个意义上来说，深度融合是信息技术真正融入教学过程，与教学互相渗透、互相作用，一体化的过程，强调有机的结合、无缝的连接，以发挥信息技术的效益和潜能，而不是成为"摆设、负担或者装饰品"。

慕课以学生为中心并以社会属性为导向，注重使用灵活的学习材料和设计相关活动，学生通过社会交互活动，激发兴趣并获得鼓励。慕课将在线学习、社会交互及移动学习融合在一起，提供个性化的学习支持服务，其全英语的课程促进了大学英语教学改革，促进了大学英语课程的重构。

但是慕课的语言学习环境也招来了多方质疑。第一，交互的有效性。某大学的研究曾指出，提供更多的交互活动才能更好地提升学习效果。交互分为操作交互、信息交互和概念交互，但是慕课一对多的模式和所提供的自动及对错反馈并不能真正促进交互性。交互中有效的反馈是学生保持学习兴趣、促进学习动机的有效手段。教师如何在师生比如此失调的情况下提供有效反馈是慕课所面临的潜在挑战。慕课的自动简单反馈虽具一定的即时性，使学生能清晰认识自己学习中存在的长处及缺点，但削弱了信息交互的有效作用。

第二，慕课的学生来自世界各个角落，彼此可能语言不通。据统计，全球 60 多亿人口中，约有 10 亿人学英语，完全掌握英语的仅 5 亿余人。语言水平的异质性对大规模学习共同体的有效支持和促进其真实的合作提出了挑战。

第三，语言慕课的目标是语言专项技能，如基本语言技能、良好的交流沟通能力、高级思维能力及文化能力，而不是以评估为目的。因此，与其他慕课不同的是，语言慕课依赖主动性和即时的交流，交流不仅是课程的途径，更是课程的重要目标。面对面教学的优势就是深度互动与反馈、情感交流、心理安全、社会信任和社会临场感等，尽管语言慕课采用了 Google Hangout 及 Skype 等社交视频工具传输音频或视频文件，并实行同伴互评以提高学习者的参与度，但一则同伴互评效果信度及效度可能不尽可靠，二则缺乏教师的及时有效反馈，因此，仍存在一定的差距。

由此可知，即便语言慕课也并非适合所有类型的学习者，若使用不当，可使学生动机缺失并导致失败。理念是慕课生存之本、存在之基，正如本书前文所述，从慕课的发展历程和特征来看，慕课蕴含多元开放、精细化课程设计、个性化、即时交互与学习共同体等理念。剖析慕课理念，褪下技术的面纱，提取慕课的精髓，并使之与大学英语翻转课堂融合，成为一个平衡、兼容与和谐的生态系统，是实施信息技术与课程深度融合而行之有效的"第三条"道路。下文将从慕课在理念上与大学英语翻转课堂深度融合的目标、内容、方法进行论述。

（一）深度融合的目标

慕课理念与大学英语翻转课堂深度融合，就是指慕课的多元开放、精细化课程设计、个性化、即时交互与学习共同体等理念与大学英语翻转课堂有机融合，在宏观上重构大学英语翻转课堂生态系统，使各要素保持动态、兼容与良性的发展。微观上，变革传统大学英语翻转课堂教学结构，多元化课程设计，利用信息技术创设英语学习资源丰富、师生线上线下交互迅捷、学生泛在学习便利、评价体系多元高效、整合传统和在线学习优势、以学生为中心的个性化教学模式，提高学生学习动机，转变学习态度，培养学生外语和其素质能力。

第一，大学英语翻转课堂生态系统的重构。生态学的观点认为没有一种有机体可以孤立地存在，必须依赖周围的环境，并进行物质能量和信息的交换才能生存。生态位是生态学的新概念，意为单个生物体在特定的生态系统中与其他要素相互作用的关系。慕课理念作为一种"外来物种"，融入大学英语翻转课堂，打破了传统高等教育的生态平衡，变革了教育系统中教学内容、技术、教师及学生等各要素之间的关系。研究发现，慕课理念的融入也导致了大学英语翻转课堂中许多失调现象，如学生要素中的学习动机与态度、教学模式中的交互合作与评价以及教师要素中的教学动机，都和预期存在差距。这说明教学中的要素，由于"外来物种"的入侵，还未能找到其合适的生态位，这就促进了大学英语翻转课堂生态体系的重构。因此，深度融合的目标从宏观上说，就是重构大学英语翻转课堂生态系统，使之达到动态、兼容与良性发展。

第二，多元化大学英语翻转课堂课程设计。放眼当今世界，政治多极化和文化多元化并存，全球化以及信息化汹涌而来，社会对大学毕业生的英语水平提出了更高和多样化的要求，课程设计的价值取向也正朝着多元化、融合化的方向发展。多元化大学英语翻转课堂课程设计首先体现在课程目标的多元化上，既满足社会对大学生学习英语的要求，也体现教学内容的实用性和时代气息，更是使学生的特质和潜能得到充分发挥的个性化的课程。多元化还体现在大学英语教学内容上。从历史上看，大学英语教学改革存在课程定位之争，笔者观之，实乃课程价值取向之争，即关注技能和关注内容何者占优的问题。然而目前大学英语教学以内容为依托业已成为学界的共识。有学者认为，大学英语课程应该将"工具性、专业性、人文性分别落实到普通英语、专门用途英语和通识教育类英语"。另有学者则认为大学英语课程教学内容应该是专门用途英语和学术英语。但无论如何，大学英语课程教学内容的多元化几成定局，它包括通用英语、学术英语和专门用途英语。各校可开发适合本校特点、定位和条件的校本课程。多元化还体现在大学英语翻转课堂教学模式的实施上。在教学实践中，设计和实施翻转课堂时，没有放之四海而皆准的定式，需根据学习者的特征、教师的专业背景、可获得的学习资源及所学习的科目而有所不同。翻转课堂翻转了教学流程和师生角色，扩展了学习资源和学习空间的内涵，在为学生和教师提供个性化、泛在化、交互性和精细化教学的同时，对学生和教师及信息技术条件提出了更高的要求。搞清楚大学英语翻转课堂的适用范围是成功开展教学实践的前提条件。比如，本书前文指出，国外实施翻转课堂的科目多以理工科为主，主要是通常所说的 STEM 课程，即 Science、Technology、Engineering 和 Mathematics 课程。这些课程知识点集中，适合用微视频的形式表现，而人文类学科，尤其是外语类，不但知识点松散，且更注重师生情感的交流和沟通，因此，在实施翻转课堂时应有所区别。再者，课程类型不同，大学英语翻转课堂模式也不尽相同，阅读课的翻转就不同于听说课，所以教师要审时度势，适当翻转大学英语课程，既可全部翻转，也可部分翻转、逐步翻转等，体现合适和多元的原则。

第三，学生能力素养的培养。近年来，我国大学英语教学大纲对学生语言能力的描述有所变化，不但注重学生语言知识能力、语言功能能力，还注重自主学习能力和终身学习，尤其是社会能力的发展，培养学习者面向 21 世纪的技能。进入扁平化的信息时代，传统的 "3Rs" 能力教育已明显不足，21 世纪联盟提出，21 世纪的学习者要想适应社会，必须具备 4Cs 能力，即批判性思维、沟通交流能力、合作能力及创新能力。这些能力基于诸如学习环境、专业发展、标准和评估以及课程和讲授等环境支持，但 4Cs 能力是核心部分，是学生将来的立足之本，也是未来人才培养的关键目标。下一节笔者将详细论述大学英语翻转课堂与学生 4Cs 能力培养的关系。

（二）深度融合的内容

正如本书前文概念界定中所述，慕课理念与大学英语翻转课堂深度融合的内容包括教师、学生、教学媒体、教学内容以及教学方式的融合。

第一，从教学内容来看，首先，慕课多元开放的理念与教学内容融合，使大学英语翻转课堂不仅拥有海量丰富及高质量的学习资源，而且师生均可对学习资源进行"二次"开发，满足了个性化教学的需求。其次，慕课精细化课程设计与教学内容融合，利用微视频碎片化课程知识点，减轻学生认知负荷并促进学生语言学习。

第二，从学习环境来看，慕课学习共同体的理念与教学环境融合后，生成两个高效的语言学习环境，即课堂学习社区和目的语社区，学生在社区中的社会交互可以增进情感交流，促进语言学习。

第三，从课程评价来看，慕课即时交互的理念与课程评价融合后，赋予了评估多元化和个性化的特点，体现在翻转课堂的同伴互评、及时反馈、大数据教育分析和数据挖掘上。

第四，从学生来看，作为学习的主体，学生需转变角色，主动参与学习活动，通过自主学习或协作学习，在有意义的交互活动中建构和应用知识。对教师而言，作为关键要素，教师需转变角色，精细化课程设计，优化学习资源，构建良好的语言学习环境，创建翻转课堂，并转变教学权威为教学的支持者和促进者。

第五，从教学方式来看，基于慕课理念的大学英语翻转课堂变传统单一的课堂教学模式为多元化教学模式。慕课以同步或异步的多元方式融入大学英语翻转课堂，将信息化教学前移，开展基于问题的学习、探究学习及协作学习等主动学习活动，并使课内外有机联系，使传统的"教师中心"教学模式转变为"学生中心"教学模式。

（三）深度融合的方法

慕课理念与大学英语翻转课堂深度融合的方法就是用后现代课程观审视翻转课堂。具体说来，就是用后现代课程观基于开放的视角，从过程角度而非内容角度界定课程，认为课程是生成的，而非预设的，通过参与者之间的交互而创建。课程内容不但包含知识和经验，而且包含活动，是三者的融合。知识不是预设的，而是通过双向互动建构而成的。课程实施方式是教师与学生彼此之间相互交往和对话的过程。师生关系是一种新型的平等合作和民主对话的关系，而不是传统课程观中教师是知识和课堂的绝对主宰。教师的角色不是原因性的，而是转变性的。评价体系是多元化、差异化的，并且评价标准也随着课程活动的开展而动态变化或转化。

二、基于慕课理念的大学英语翻转课堂与学生能力素养

学生的能力是在个人的学习环境和合作的学习环境无缝对接中得到发展的。在个人环境中，学生自主观看视频和参与论坛讨论，采取游戏化学习的方式；而在合作学习环境中，学生与教师和同伴开展基于项目和问题的学习，厘清概念，参与评估。

如前节所述，基于多元智能理论的21世纪学生能力素养中，4Cs能力，即批判性思维、交流表达能力、合作能力及创新能力占了重要位置。翻转课堂不仅是学科知识的传递与掌握，更使学生交流与表达能力、团队合作能力、批判思维能力和解决问题能力得到了激发和提高。

第一，交流和表达能力是指用语言表达思想并与他人交流的能力，是语言运用能力的一部分，也是现代人才必备的素质之一。翻转课堂的重要特点就是增强交互性，学生有大量的时间和机会通过课内的知识内化活动或课外通过社交媒体与师生交流。在与同伴和教师为完成某一任务的有效交流中，学生的交流和表达能力得到了加强。

第二，当今社会，团队合作能力越来越重要，因为极少有工作能够独立完成。翻转课堂教师精心设计的任务和问题驱动的教学，为培养具有团队合作精神的现代化人才打下了基础。学生课前观看教学视频自主学习，收集资料，组内分工明确，合作完成教师布置的任务，锻炼了学生的团队合作精神。

第三，批判性思维作为一种认知过程，被普遍认为是教育，特别是高等教育的目标之一。它指为了得到肯定的判断所进行的有形和无形的思维反应过程，包括解释、分析、评估、推论、说明和自我校正等。翻转课堂培养学生自我管理和自主学习的能力，学生使用元认知策略，评估并反思自己的学习。同时，教师精心设计的翻转课堂能培养学生的批判思维能力，即学生课前自主学习，搜集补充材料，通过网上互动分析并判断问题相关信息，课内与同伴和教师的讨论交流解决问题并得出结论。其实践的本质是帮助学生实现深度学习，聚焦问题解决能力，培养高阶思维能力。

最后，心理学对问题解决能力的定义是由一定的情景引起，按照一定的目标，应用各种认知活动、技能等，通过一系列的思维操作，使问题得到解决的过程。它包括四个阶段，即发现问题、分析问题、提出假设、检验假设。学生在翻转课堂中基于问题的主动学

习，能在课外和课内，通过教师和学生的指导和帮助，完成这四个阶段，以此提高问题的解决能力。

第二节　基于慕课理念的高校英语翻转课堂的多元化启示

后现代课程观认为课程是为了满足社会多种需求的，因此，课程是动态和变化的，而不是静止和统一的，倡导多元化课程。本研究从课程论的角度，借鉴后现代课程论的主要观点，从课堂规划、实施和评价三方面着手，论述多元化的基于慕课理念的大学英语翻转课堂。

一、多元的目标定位

大学英语课程的校本化开发是提高大学英语教学质量的重要方法之一。校本课程是"在学校本土生成的，既能体现各校的办学宗旨、学生的特别需要和本校的资源优势，又与国家课程、地方课程紧密结合的一种具有多样性和可选择性的课程"。

从宏观建设层面上看，我国高校可分为重点高校和一般高校，前者包括"985"高校、"211"高校以及示范性高职高校。

从高校的分类来看，对于重点高校来说，学生的生源相对较好，入学时英语水平总体较好，学习动机较强，一般高校的学生生源属于中等水平，入学时不排除英语总体水平较好的学生，但总体水平一般；而高职高专类院校的学生则总体生源不及重点大学和一般高校，入学英语水平也处于中等偏下的程度。尽管部分高校会出现特例，但总体上来讲，高校通用英语课程目标大致可分为以下三大类，第一类通用英语课程目标，是注重培养学生较高层次语言应用能力的拓展训练，培养学生的创新潜质。并适当加大 EAP 和 ESP 的比重，这类高校如重点高校；第二类通用英语课程目标，是为已具备通用英语基本技能的学生进一步提高和扩充学生的语言知识，也可根据学生需求，适当开设 EAP 和 ESP 课程，这类高校如一般高校；第三类通用英语课程目标是，为英语基本功稍差一些的学生重点突出英语基本技能的培养和语言基本知识的学习，这类学校如高职高专类院校。

依据以上目标分类，基于慕课理念的大学英语翻转课堂可充分考虑高校间的差异，多元化课程设计。对于第一类以培养创新人才和较高语言应用能力为目标的高校，可依托本校优秀的师资和雄厚的技术力量，开展"完全版"基于慕课理念的大学英语翻转课堂实践。第二类以进一步提高和扩充语言知识为目标的高校，可依据本校实际情况，开展"普适版"基于慕课理念的大学英语翻转课堂实践。第三类以突出英语基本技能的培养和语言基本知识的学习为目的的高校，可根据实际情况，开展"过渡版"基于慕课理念的大学英语翻转课堂实践。需要指出的是，以上三类是动态变化，不是一成不变的，也会出现中间版本。

二、多元的慕课与校本学习资源

对于实施"完全版"的高校，由于学生有较好的英语功底，因此，一方面可以将国际慕课课程"打包"进大学英语翻转课堂中，以同步或异步的形式开设大学英语 ESP 或 EAP 翻转课堂，即将国际慕课作为资源引入翻转课堂中，或者学生加入国际慕课，追踪课程的学习，让学生近距离接触国际优质课程。但这类翻转课堂中需注意的是，正如本研究前面所讨论的，无论采用同步还是异步的形式，均会出现慕课和翻转课堂耦合和聚合的问题，给翻转课堂的实施带来一定的难度。另一方面，此类学校也可利用慕课平台，精细化课程设计，自行开发本校优质的大学英语或 ESP 及 EAP 教学微视频，并上传至慕课平台，再根据教学要求和学生情况，随时作出调整，实施大学英语课程校本化，并依托慕课平台和学校自身优势，辐射全国。

对于实施"普适版"的高校，由于学生英语功底一般，因此，不建议普遍采用将国际慕课课程"打包"进大学英语翻转课堂的做法，而可由各校视情况分层管理，对英语水平较好的学生开放。此类学校以本校大学英语课程校本化为主，精细化课程设计，碎片化知识点，制作相关教学微视频，但一般高质量的微视频开发要求高，周期也长，可能无法满足本校教学需要。因此，也可采用国内大学英语慕课校本化的办法，加入相关中文慕课平台，借鉴其他高校优质的微视频等资源。

对于实施"过渡版"的高校，由于学生英语功底稍差，因此，建议适度开展翻转课堂教学实践，学习资源仍可采用本校大学英语课程校本化的方式，但主要是借鉴其他高校优质的微视频资源，可适当提高文本资源形式，如文本所占的比例。

三、多元的活动设计

在活动理论的视角下，教与学可以被看作是一种具有特定目的的人类活动。教师与学生之间、学生与学生之间有组织的共同活动的序列集合组成了一个特殊的教学系统。活动既是学习的外部形式，也是学习者认知和心理发展的基础。活动从功能角度出发可分为获取体验、知识技能和方法的活动，获取学习动力的活动，评价与反思的活动，总结与归因的活动；也可从活动组织的受众数量角度出发，分为班级活动、小组活动和个人活动；或者从环境的角度，分为在线活动与非在线活动；从话语权角度出发的教师主导活动、学生主体活动以及师生互动活动。而学习活动则可被分为基于问题学习的探索性活动、阐明性活动和反思性活动。

对于翻转课堂的活动设计，首先，要注意交互活动的重要性。交互活动包括在线论坛交互、通过交互工具（如 Wiki、BBS）的交互、课堂中师生的深度互动交流及协作式学习等。这些活动有助于慕课个性化理念的实现以及学生知识的内化。

其次，要注意活动设计的适切性。不同教学目标定位的翻转课堂对活动设计的要求不尽相同。以"完全版"大学英语翻转课堂为例，其目标定位是培养学生的创新能力和较高的语言应用能力。因此，在活动设计中，尤其课堂内化活动设计中，应主要关注深度学习的活动内容，如基于问题的学习或基于项目的学习。而对于"普适版"大学英语翻转课堂，因其目标定位是进一步提高和扩充学生的语言知识，因此，活动设计可适当增加语言应用类活动以及高阶思维活动。而对于"过渡版"大学英语翻转课堂，由于其目标定位是基本技能的培养和语言基本知识的学习，故建议适度开展翻转课堂教学活动，或者学生课下可自主学习，但课上并不翻转。

最后，还要关注活动设计的多样性，比如游戏化学习活动以及基于多媒介的多用户虚拟环境的"第二人生"。游戏化学习活动可创设拟真的任务情境，给学生以"流体验学习"而使学生沉浸于学习中，提高学生的学习动机。

四、多元的平台融合

慕课理念与大学英语翻转课堂深度融合有赖于慕课平台的有效使用。国外的慕课平台尽管开发得较早且较为成熟，但由于语言和受众等原因，并不适用于国内大学英语翻转课堂。而据调查，目前国内六大中文慕课平台，若从网络环境、教学平台、网络课程及教学支持等方面考察，总体满意度水平较低，尤其是教师支持、内容设计和技术支持三个维度问题最突出。由于慕课大规模的属性，教师给予支持体验较少，内容呈现仍停留在视频录制层面。中文慕课平台教学支持较为欠缺，主要以论坛和邮件为主。

而慕课平台与传统的网络教学平台，如 Moodle、Sakai，就学习管理、系统支持工具及系统技术特性比较后发现，网络教学平台因研发较早，技术成熟，故功能和性能上"都远远优于刚起步的慕课平台"。

因此，笔者认为，大学英语翻转课堂中到底是融合慕课平台还是融合传统的网络教学平台，还得根据学生需求和实际教学情况而定。慕课平台注重学生的学习体验，但对教学支持，尤其是交互支持还是比较薄弱的，翻转课堂中交互理念的体现可以辅以微信或 QQ 等社交软件，也可换用 Moodle 等开源平台或 Blackboard 等商用平台。

五、多元的评价体系

多元的评价其一就是同伴互评的合理使用。为了应对大规模课程所带来的学习测评的难题，慕课引入了同伴互评机制，这一创举也招致了不同的观点。有学者认为同伴互评能提高学习者的学习动机，鼓励学生对自己的学习负责，促进学习者的自主学习能力，评价的过程促进学习者自我评价、激发学习者的深层学习等。但也有不同的观点，主要涉及评价者的资质和信度，因为有的学习者既没有评价的能力，也没有评价者所应有的态度，即评价的准确性、公正性以及反馈受到了质疑。国内慕课的测试多为客观题，且采用评价系统直接评分的办法，因此，同伴互评功能的运用基本上处于空白。从目前的情况看，翻转课堂的同伴互评主要发生在课堂，以传统的口头或书面方式进行，因为传统方式容易操作，但是只有线上才能体现同伴互评的主要功能，即独立性、便捷反馈和匿名评价。

根据本研究，互动与评价因子得分较低，翻转课堂学生缺乏社区意识，不愿参加论坛互动有关，这限制了同伴互评的实施。据研究，影响同伴互评的主要因素是学生的知识水平、背景及对评价的态度等。因此，笔者以为，有效实施同伴互评需遵循动态和多元的原则，一方面了解学生的个人特质，如知识水平、学习动机，以便系统能动态分组，匹配合适的评价者；另一方面，学生互评中的角色也可以是多元的，既可以是一般评价者，也可以是小组长或者隐性的教师角色，甚至可以是实习生，使学生的互评逐步达到完善。

对于本研究中出现的学生试前集中复习现象，可利用大数据教育行为分析和数据挖掘能力，多元评价学生学习行为，以期使学生周期性分散每次翻转课堂所学习的内容，常记常新，巩固知识。大数据摒弃随机分析法，采用全数据模式，关注相关信息，可以发现被数据淹没的有价值信息。学生的网上行为数据，如微视频学习情况、网上社区参与情况以及学生的成绩数据均可被慕课大数据平台用来分析学习行为，并有效预测学生的能力。如通过对学生练习得分曲线的分析，可知学生对所学知识点的掌握程度。

教师也可利用大数据了解课程的总体情况，并做适当的调整。比如从课程健康度中，教师可直观获得学习者规模和学习社区运营两方面的 5 个指标，分别是学习者 7 日活跃度、学习者总规模、讨论区发帖回复率、讨论区人均互动与次数以及讨论区参与规模。笔者调研之时，D 大学的课程注册人数已突破 3 万，学员来自世界各地，课程有很高的健康度实属不易。

而从学习进度中可得知有关本课程更多的信息，课程热度可知当前具体选课人数、累计报课人数和累计退课人数，并用可视化图形直观展示随着时间变化而变化的课程选课情况。学习进度图更可直观了解每周学生学习情况，统计的学习行为包括观看视频、习题答题情况及讨论发言等，并且还给出了不同频率段的学生数。

总而言之，慕课大数据为大学英语翻转课堂提供了更为直观和详细的评价方式，有利于教师更为清楚地了解学生的学习情况并开展个性化的教学。

本章通过对基于慕课理念的大学英语翻转课堂内涵的探讨，提出了基于慕课理念的大学英语翻转课堂多元课程体系。

首先，慕课与翻转课堂深度融合的内涵包括目标、内容和方法三方面内容，融合的目标是大学英语翻转课堂生态系统的重构、多元化大学英语翻转课堂课程设计以及学生能力素养的培养；深度融合的内容涉及教学内容、教学环境、教学评价、教学方式以及学生和教师多个方面；深度融合的方法就是用后现代课程观开放、动态的视角审视大学英语翻转课堂各要素，包括课程、课程内容、知识建构、师生关系以及评价体系等。

其次，基于慕课理念的大学英语翻转课堂有助于培养学生批判性思维、交流表达能力、合作能力及创新能力。

最后，借鉴后现代课程论的主要观点，笔者从目标定位、学习资源的融合、活动设计、平台融合及评价体系的多元化着手，探讨了基于慕课理念的大学英语翻转课堂多元课程体系。

参考文献

［1］ 姜雪梅. 基于慕课的高校英语教育教学改革研究［J］. 英语广场，2022（04）：
110－114.

［2］ 马冬虹，刘昕. 基于慕课环境下大学英语教师专业发展研究［J］. 佳木斯大学社会
科学学报，2019，37（03）：203－204.

［3］ 叶丹. 慕课视角下高校英语的混合式教学模式探究［J］. 英语广场，2021（27）：
112－115.

［4］ 涂爽. 微课在中职英语教育教学中的实践探析［J］. 佳木斯职业学院学报. 2022
（07）.

［5］ 白明. 将翻转课堂引入高中英语教育教学初探［J］. 校园英语. 2021（07）.

［6］ 过巧，林琼. 慕课环境下地方高校英语混合式教学可行性研究［J］. 宁波工程学院
学报，2017，29（03）：116－122.

［7］ 安颖. 基于慕课的英语自主学习能力策略研究［J］. 鄂州大学学报，2015（3）.

［8］ 郭万群. 大学英语多模态课堂教学研究［M］. 上海：上海交通大学出版社，2015.

［9］ 吴南中. 基于教育大数据的 MOOC 支持服务特质与形成研究［J］. 中国远程教育，
2015（12）：49－55.

［10］ 杨玉芹、焦建利. MOOC 学习者个性化学习生态设计框架［J］. 电化教育研究，
2014（8）：32－37＋56.

［11］ 王守仁. 关于高校大学英语教学的几点思考［J］. 外语教学理论与研究 2011（1）：
1－5.

［12］王梦倩等．MOOC 学习者特征聚类分析研究综述［J］．中国远程教育 2018（7）：9 – 19．

［13］方芳等．"慕课"发展与大学人才培养模式改革［J］．中国高等教育 2015（21）：24 – 28．

［14］程金贵．MOOC 背景下的高校英语教学发展对策研究［D］．北京外国语大学，2017．

［15］郑玲玲．基于私慕课混合的在线学习参与度的相关性研究［D］．西安外国语大学，2018．

［16］杨双，魏评．高校英语慕课设计与制作研究［J］．科技风，2015（15）：217．

［17］于青青，冯雪松．基于内录式的 MOOCs 视频制作与分析［J］．中国教育信息化，2014（2）：14 – 16．

［18］孙小军等．基于慕课的翻转课堂教学模式研究——以大学英语后续课堂为例［J］．2015（8）：81 – 87．

［19］赵竞玲，李雪芹．"慕课"背景下高校英语教学模式的创新策略研究［J］．吉林广播电视大学学报，2018（04）：112 – 113．

［20］苏雪莲．浅析慕课对大学英语传统教学的影响［J］．佳木斯职业学院学报，2015（08）．

［21］孟菲．大学英语传统教学与网络教学的比较研究［J］．边疆经济与文化，2009（04）．

［22］张润芝．大规模开放在线课程教师视频语言表达技巧影响因素研究［J］．电化教育研究，2018（5）：33 – 39．

［23］Kun Zhang，Xiaofeng Cao，Xuebin Huang，Jian Sun，KaparovaKumushai，Vaniushkina Dina，Liuyi Zhao．Research on MOOC Construction of Tourism Reception Course under the Background of National First-Class Undergraduate Specialty Construction［J］．Curriculum and Teaching Methodology，2022，5（3）．

［24］FengXia Li，MengShan Yu．Research on Strategies of Improving Professional Development of Teachers in MOOC Era［P］．Information and Education Technology，2019．

［25］Xiaoli Song，Jianming Zeng．MOOC Construction and Application based on the Cloud Platform of Higher Vocational Colleges［P］．Proceedings of the 2016 International Conference on Education，Management，Computer and Society，2016．